繋がる

池川明　上田サトシ　七田厚　白石まるみ　弦本將裕

牧野出版

はじめに――「繋がる」というテーマで集まった

今回、素晴らしい仲間とのコラボ企画で本書が出版されました。本当に感謝しています。「繋がる」というテーマもとても気に入っています。

そこで、まず最初に今回登場する著者の方々との「繋がり」からお話をさせて頂きたいと思います。

池川明先生とは、もう20年以上のお付き合いになりますが、「胎内記憶」を通じて、いつも貴重なメッセージをたくさん頂戴しております。個性心理學とも通じるところが多く、子育て中のお母さん方だけでなく、全ての人に知って頂きたい貴重なメッセージだと思います。

医師という立場から、科学的に検証された胎内記憶シリーズは、日本のみならず多くの国で翻訳されています。

ちなみに池川明先生は「まっしぐらに突き進むゾウ」。天才チームです。

また、七田厚先生とも親しくお付き合いをさせて頂いておりますが、右脳教育の観点からも、子ども達の個性の違いをぜひ受け止めてもらいたいと思います。

七田厚先生の会社から出版しました『杉の木の両親と松の木の子ども』（しちだ・教育研究所刊）は、私が最初に書いた絵本ですが、「個性は遺伝しない」というテーマで書き下ろしました。この絵本も、子育て中のお母さん方にはぜひ読んで頂きたいと思います。

七田厚先生は「母性豊かな子守熊」。包容力が魅力です。

上田サトシ先生は、不思議な能力の持ち主で、子どもの頃から相手の心が読めたり、次の行動がわかったりしたそうです。ですから、なぜみんながジャンケンをするのかが不思議だったそうです。それは、相手が何を出すかがわかるからです。今では、お腹の中の胎児と対話をしたり、幅広い分野で活躍されているヒーラーの先生です。

上田サトシ先生は、「大きな志をもった猿」。

そして、白石まるみさん。みなさんよくご存じの女優でありタレントです。

芸能人第一号の個性心理學認定講師でもあり、全国で活躍されています。

初代「ニャンちゅう」のお姉さんでしたから、子育ての経験を活かしたセミナーは大好評です。

彼女は、共演する役者さんやタレントを次々に個性心理學で分析して、一瞬で虜にする天才です。個性心理學の本『Animalogy アニマロジー』（牧野出版刊）も大人気で、女性の視点から見た個性心理學の分析は見事です。

白石まるみさんは「愛情あふれる虎」。親分肌の頼れる姉貴です。

また、今回は特別に東武動物公園の日置岳人社長からも寄稿して頂きました。ですから「繋がる」は5＋1の著者による特別コラボとなります。日置社長には、東武動物公園の社長という視点から、動物たちを紹介して頂きました。これは、「繋がる」の本のお披露目である出版記念イベントを東武動物公園とのタイアップで実現したというありがたいご縁からです。日置社長、ご多忙中、本当にありがとうございました。

胎内記憶から胎児との対話、そして幼児教育と子育てと書き綴られてきた本書の最後は、個性心理學で締めくくらせて頂きます。テーマは、もちろん「子育て」です。個性の違いから生まれるストレスから解放されて、逆に個性の違いを楽しんでもらいたいと思います。

個性心理學研究所　弦本將裕

目次

目次

本文組版　システムタンク
装　　丁　コンロッド

繋がる

胎内記憶とたましい

池川 明

この度、弦本將裕先生のお声掛けにより、伊豆天城湯ヶ島温泉「白壁荘」に集まった面々が、一緒に何かできないか、とコラボした企画の一つが今回の本です。詳細は弦本先生がお書きになってらっしゃると思いますが、弦本先生との出会いは、もう16年以上前になります。「胎内記憶」に興味を持っていただいた弦本先生が個性心理學のお弟子さんたちと、私のクリニックにお越しいただいたところから始まりました。

最初にお会いしたのは2002年7月でしたが、その時にご一緒にお越しになった方とは、今でも交流のある方もおられます。

その後、弦本先生の個性心理學の資格認定講座に講師としてお招きいただくことになり、現在に至るまで親交が続いております。

白石まるみさんは、資格認定講座に講師としてお招きいただいた時に、芸能人として初めての認定講師、と紹介されてからのお付き合いです。

また七田厚先生との関係は、父上の七田眞先生と2007年10月8日両国で行われた第1回胎教博でお会いしたのがきっかけです。

胎教博というのは赤ちゃんには胎内から意識があるのだ、ということを前提に、胎児との対話を広めるという役目のあったイベントです。ご自身を胎話士と呼んでいる素敵な方です。胎教博を主宰したのはミキミキさんという赤ちゃんとお話しできる方でそこで七田眞先生とお会いしたのですが、私がお会いしたのはその時のたった1回だけで、２００９年にお亡くなりになられたので、その時にもっといろいろお聞きしておけばよかった、と後悔しました。

ところが、七田眞先生の最高傑作、といわれたご子息が厚先生で、その後厚先生とご縁を頂き、胎内記憶の研究が深みを増すことになりました。

上田サトシ先生とのご縁は、２人の間をつなぐ山内一郎さんの紹介で、日本に帰国後ほぼすぐにお会いしたのが最初です。魂の助産師の資格を男性で初めて取得したと紹介され、「魂の助産師って何？」と興味がありお会いしました。するとご本人に胎児期の記憶どころか、前世の記憶、生まれてから子供との期の記憶もかなり詳細に持っておられ、驚いたことから今も一緒に講演を行ったりする仲になっています。

七田厚先生と、上田サトシ先生とはi-comi《アイコミ》（あい・こども・みらいプロジェクト）を立ち上げていて、これに現役の中学校の中野敏治校長先生が入ることにより、４人で魂の時代から胎内、出産、育児教育、中学教育、大人世代の生き方の一生すべてをカバーして、こどもたちに希望がある未来を受け渡す意欲的な試みをしています。隠れた立役者に川口信子さんがおられますがのぶちゃんと呼ばれ、今回の企画でも重要な縁の下の力持ちの存在もとても重要な方です。

こうしたそれぞれ全く別の分野で違うことをしている４人が集まった白壁派のイベント、ごった煮のように一つに溶け合って、世の中に何か影響を与えることができることをしたいと希望してこの本を書かせていただきました。

自己紹介

遅くなりましたが自己紹介です。

昭和54年に帝京大学医学部を卒業して、そのまま大学の産婦人科医局に残り、産婦人科医として現在に至ります。

平成元年1月に横浜市金沢区に池川クリニックを開設し、お産を扱う診療所として現在に至りますが、平成28年9月にお産の取り扱いをやめ、現在は外来診療だけを行っております。

１９９７年に飯田史彦先生の「生きがいの創造」が出版され、私が尊敬する精神科医の岩井浩一先生に本を頂いたのがきっかけで、胎児にも意識があることを知り、その後実際に胎内記憶があるのか興味で調べていたら、胎内記憶からいろいろなことがわかり、また興味を持つ方々とつながっていくことができたことで、産婦人科医としての生き方が大きく変わりました。
現在では胎内記憶を世界に広めると、世界平和になると信じて、胎内記憶を伝える人を増やしたいと、２０１７年11月に一般社団法人日本胎内記憶教育協会を立ち上げ、目黒にある八雲で講師養成講座を開設して、講師養成を始めています。
また２００３年にアメリカにある胎内の赤ちゃんに意識があるという事を前提に活動しているAPPPAH（Association of Pre and Perinatal Psychology and Health　出生前周産期心理学協会）のメンバーとなり、論文投稿やセミナーを行わせていただき現在もメンバーとして所属しています。

調べ始めて胎内記憶を医療者の集まりで最も早く演題として発表したのが、２００１年9月23日　北海道保険医協会が主務で行われた第16回保団連医療研究集会の場でした。

その時の要旨を載せます。

分娩の記憶　　第16回保団連医療研究集会　９月23日（日）

表１　胎内・生下時の記憶の有無

記憶	あり	なし	無回答	計
胎内	42	29	8	79
生下時	32	36	11	79

池川クリニック　池川　明

胎内と生下時に子供に記憶があるかどうかを母親のアンケートをもとに検討した。アンケートは子供から胎内または生下時の記憶があると話した事があるかどうかとその内容、話したときの子供の年齢、その子供の分娩時の状況として正常分娩かどうか、安産か難産か、産科的処置が必要だったかどうか、などについて質問した。調査期間は平成12年８月から12月までの５ヶ月間でアンケート用紙を配布し、回収できたものについて検討を加えた。

対象は子供のいる母親で　当院19名、助産院31名、幼児開発協会17名、保育園幼稚園12名　合計79名からアンケートを回収できた。記憶のあった事が分かった子供の年齢は平均３・０±０・９s・d・（範囲１・５―６歳：n＝49）であった。胎内の記憶があると回答した例数は42例52％、生下時の記憶があると回答した例数は32例41％であった。（表１）分娩の難易度（表２）および分娩場所（表３）は下記に示す。

表2　分娩の方法など

安産	28
難産	7
陣痛促進剤	15
骨盤位分娩	2
帝王切開	5
吸引分娩	2

表3　分娩場所

病院	47
医院	19
助産院	7
自宅	1

表４には分娩形式と難易度においての記憶を示す。経腟分娩に比べ帝王切開での記憶は少ない。また難産では生下時の記憶が１００％あり、内容は全例落ちる、冷たいなどのマイナスイメージであった。

胎内の記憶内容の具体的内容は明暗色20、動き19、胎内での状態19、感情16、温感10、お腹の状態10合計84の記述が寄せられた。また生下時の記憶については感情14、動き12、分娩時の記憶11、明るさ7、寒さ2、合計46の記述が寄せられた。実に様々の内容が報告され、胎内で外の様子がわかったとするもの5例、生下時誰がいたかなどの生下時の状態の記憶は10例にあった。

こうした胎内、生下時の記憶があるということがもし本当であれば、お産をどのようにマネージメントするか根本から見直す必要があるかもしれない。さらなる研究が必要であろう。

表４　胎内・生下時の記憶のあると回答した例数

	計	正常分娩	安産	難産	陣痛促進剤	帝王切開
アンケート全体	79	53	28	7	15	5
胎内記憶ありと回答	42	28	17	5	10	1
生下時記憶ありと回答	32	21	17	7	5	1

これが私が一番最初に発表した胎内記憶の内容です。その後、生きがいの創造を基本的な考えに据える医療者の集まりである「生きがいのメディカルネットワーク」が11月２日に岡山で開催され、その場でも発表し、その後症例を１１３例に増やし金沢区医師会（横浜市）の金沢区学術研修会の場で「胎内の記憶」と題して発表しました。

保険医協会の医療研究集会の発表が朝日新聞の記事として掲載されそれがきっかけで２００２年から２００３年にかけ諏訪市と塩尻市の公立保育園で胎内記憶調査ができ、これをまとめて２００５年に三年に一回開かれる産婦人科国際学会（ＦＩＧＯ）で２００３年に発表しました。その後赤ちゃん学会、日本アーユルヴェーダ学会などの学会や、鶴見歯科大学、長野県立こども病院などの医療機関、行政の子育て支援をする担当部署からの依頼などで胎内記憶を広めています。

昔は一時2チャンネルでボロボロに叩かれ、日本トンデモ本大賞2009にもノミネートされ、いまだに胎内記憶を毛嫌いする人がいます。しかし、胎内記憶を持っている人がこどもだけでなく、大人にも多数いて、その語る人の数がどんどん増えています。さらに、海外にも少なからず胎内記憶を語る例は存在して、私よりも早くから世界中の事例を集めているエリザベス・カルマンさんは、現在Cosmic Baby（仮題）を執筆していて、多数の事例を集めています。これが世に出されると、きちんとした調査をしている学術的な本ですので、否定するためには相当苦労するだろうなあ、と予想されます。いずれ胎内記憶あって当たり前でしょ?という時代がそこまで来ていますが、まだまだ「知りたくない」人たちは根強く存在しています。

胎内記憶の内容については、拙著も含めたくさんの本や絵本が出されているのでそちらを参考にしていただければ、と思いますが、私が講演会で配布している内容を以下に掲載させていただきます。

胎内記憶～お腹の中から始める子育て～

はじめに

「胎内記憶」は最近のマタニティー雑誌のアンケート調査では出産する方の約7割の方が知っているとの報告が出ています。まだ定義も決まっていないいわゆる造語ですが、文部省科学研究費補助金研究成果報告書（1992-1993）の中に「新生児の胎内記憶に基づく学習可能性と母子関係形成メカニズムの研究」が掲載されており、公的研究の中に「胎内記憶」という用語が用いられていることに驚かされます。

胎内記憶はまだ正式に認められている用語ではありませんので、定義も曖昧です。すでに胎内やその周辺に関する書物は数多く出されてきていて、それぞれの書物を読むと独自の表現を用いて記述がなされています。

胎内の記憶は「胎内記憶」、生まれてきたときの記憶は「誕生記憶」もしくは「出生（時）記憶」などと言われることが多いようです。また、胎内記憶と誕生の記憶を分けることができない連続した記憶として区別せずに表現する場合も数多く見受けられます。最初に科学的記述として「誕生記憶」について書かれたデーヴィッド チェンバレン博士の「誕生を記憶する子どもたち」（春秋社）は誕生する時点の記憶を扱っているように感じられますが、実際は胎内における記憶に関する記述も多く明確に区別をして表現はしていません。現時点では、胎内記憶は子ども達が語る、胎内から産まれるまでの一連のファンタジーな話し、という意味合いで捉えている人が多いと思われます。

なぜ、今、胎内記憶なのか？

皆様は、医療現場にどのようなイメージをお持ちでしょうか。今産婦人科の世界は産科領域を希望する学生が激減し、ただでさえ希望者が少ない産婦人科医となったとしても、産科ではなく不妊治療、癌治療に活路を見いだす傾向が強くなっています。産科医からみると、過重労働や仕事の負担感が強く、しかも何かあればすぐ訴訟、さらには刑事告発まで
されるという時代になって、かつてないほどやりがいのない職場になってきています。
また、病院vs診療所間、勤務医vs開業医間、産科医vs小児科医間の連携の悪さ、お互いの理解のなさは以前からもありましたが、現場の余裕が無くなるに従って対立関係がむしろ悪化しているようにも思えます。

そのような劣悪な産科医療の現場にあって、個人的な立場ではありますが、出産に関わ

れることは単純に楽しいと感じています。なぜこのように産科が追いつめられている中で楽しいと感じることが出来るのか、不思議に思われる方も多いと思います。その理由が「胎内記憶」にあるのです。

医学教育では、自然科学の一領域としての医学をならいます。そこには唯物論思想が根底にながれており、またデカルト主義が発展した人間機械論にみられるように超自然的な力の介在を否定して発展してきました。従って魂の存在、霊魂の存在を否定する上で現在の医療は成り立っているといっても過言ではありません。ところが、現実社会の中ではあまりにも複雑な要素が絡み合って一つの事象が起こるため、複雑系などの学問も出てきています。しかし医療に関しては、病気の原因や発症に関して非常に個人的な背景が絡んでいるにも関わらず、旧来の機械論的な延長におけるエビデンスに基づく医療のみが正しいと信じられているので、現実に起きていることを上手く説明できないことが数多くあります。そのことにより、患者として希望した医療に対する期待と違う結果となった場合、医療行為の実施主体である、医療関係者を訴えるなどが頻繁に起こるのだとも考えられます。

また、さらに医学教育の中では患者の感情に同化すると的確な判断を誤るので、一線を引くように教えています。これらの要素が絡み合うと、患者にとってみると「冷たい」とか「事務的だ」ととられるような医師や看護師・助産師の説明、態度につながってしまうのではないでしょうか。
例えば障害を持って生まれた赤ちゃんを目の前にして、皆様はどのように考えるでしょうか？　妊娠初期で発見できなかったのは医療のミスだ（見つけることが出来たら早期に中絶を勧めることができたのに）とか、ミスではなく防げなかったどうしようもないことだといったような、障害を持つことはいけないことだ、ということが前提で、思考していないでしょうか？

ところが、胎内記憶では子ども達が「障害は自分の選択で持って生まれてくる」と言うのです。なかには障害を持って生まれることが「幸せになるため」と言ったり「治すのが面白いから」と積極的に自ら障害のある人生を選んだと言う子ども達が少なからずいるのです。この子ども達の証言は、今の医療では「あり得ないこと」と否定されます。なぜなら魂の世界を否定して私たちの医療が成り立っているから、それを認めることは現代の医療を否定することと同じだからです。ですから実証科学であるはずの医療が、この子ども達の証言に関しては、検証もせずに否定するという非科学的な態度をとり続ける自己矛盾の理由の一つはそこにあります。

私は、子ども達の証言を受け入れて、全ての事象は意味がある、というように捉えることができました。そして、流産・死産・中絶などの赤ちゃんたちの命が関わる現象は、その家族、関わりを持つ医療者など、全員に深い意味がある事を信じることが出来るようになりました。それ故、生きてうまれてこようとしている魂の力強さを信じることもできますし、命をかけて母親のお腹にやってきたことを信じることが出来ます。そして、その命をかけた理由を家族の人と考えるようになりました。すると、亡くなった子ども達からたくさんのメッセージをもらうことが出来たのです。そのメッセージは私たちが一方的に可哀想だ、と考える内容とは全く異なる前向きのものが圧倒的に多いのです。家族の方も子ども達からのメッセージを受け入れることで、悲しみを乗り越え前に進むことができやすくなりました。そのような医療現場に、医療提供側も患者側も元気が出るメッセージを「胎内記憶」を知ることでもらえる可能性が出てきたのです。

胎内記憶の定義

「胎内記憶」という用語の定義はまだありません。しかし胎内記憶、誕生記憶、出生前記憶など、色々な用語が用いられています。今まで子ども達や両親たちから聞き取りした胎内記憶の内容を分類すると、陣痛が開始して誕生直後までの胎児・新生児の記憶「誕生記憶」、受精（受胎）の瞬間の記憶「受精（受胎）記憶」、受精から誕生直前の陣痛開始まで

「胎内記憶」の分類（表１）

・新生児・乳児記憶	新生児から乳児期にかけての記憶
・誕生記憶（出生時記憶）	誕生（出生）時の記憶
・胎内記憶	胎芽から誕生の直前までの記憶
・受精（受胎）記憶	受精（受胎）時の記憶
・精子記憶	精子としての記憶
・卵子記憶	卵子としての記憶
・中間生記憶	前世の終了時から受精までの記憶
・前世記憶	過去に別の人として生きていた記憶

の胎児の記憶「（狭い意味での）胎内記憶」、過去に別の人として生きていた記憶「前世記憶」、前世と受精までの間の記憶「中間生記憶」、従来はあり得ないとされていた乳児期の記憶「乳児記憶」などがあります。さらに受精記憶には精子と卵子のそれぞれの記憶も表出することから、それぞれ精子記憶と卵子記憶もあると考えられます。

一般でいわれている子ども達が語る胎内記憶は、これらの全ての記憶が混在していて、厳密に区別することはできません。通常「胎内記憶」というと広義の意味で、いろいろな記憶が含まれるということを知っておいていただきたいと思います。従って筆者が「胎内記憶」と使うときにはいろいろな時期の記憶の総称として使っていることが多く、特に厳密にそれぞれを区別する必要がある場合を除いて、この用語を用いています。

書物における胎内記憶

胎内の記憶があることは音の研究ですでに確認されています。妊娠中に聞いていた音に生まれた後反応する、ということは、ヒトだけでなくチンパンジーでも研究でも証明されています。しかし、胎内で思考や感情があるかどうか、という研究は方法論がないだけに研究することに困難が伴います。

誕生を記憶している有名な事例が、三島由紀夫氏の「仮面の告白」の冒頭に出てきます。「私には一箇所だけありありと自分の目で見たとしか思われないところがあった。産湯を使われた盥のふちのところである。下ろしたての爽やかな木肌の盥で、内がわから見ていると、ふちのところにほんのりと光がさしていた。そのところだけ木肌がまばゆく、黄金でできているようにみえた。」さらにその文章に引き続き「そのようなことをいう子どもを大人は憎しみの色をこめた眼で見て否定してかかる。いわく、こどもはそのようなことはわからないはずだ、目が見えないはずだ」。胎内記憶に関しては、まさに三島由紀夫氏自身が書かれているとおり、子どもには明確な記憶であるにもかかわらず、大人が「常識」で考えて否定する、という事象であったようであります。しかし、これは三島氏だけに起きたことではなく、今まで多くの子ども達が経験していたことでもあります。

胎内記憶と思われる記述は以前から書物の中に散見されます。日本で最も古いと思われる記述は江戸時代後期の国学者・神道家である平田篤胤が1822年（文政5年）に刊行した「勝五郎再生記聞」であると思われます。多摩郡中野村の百姓源蔵の次男として生まれましたが、自分は多摩郡程窪村の百姓久兵衛の息子の勝蔵の生まれ変わりであると言っていた勝五郎を自宅に引き取り、聞き取った内容で構成されています。ところが生まれ変わりだけでなく、「腹内にて母の苦しからむと思ふ事のある時は、側のかたによりて居たる事のありしは覚えたり」と胎内での様子の記述も書かれています。門外不出とされていましたが、今では誰でも読むことが出来ます。

その他、自らの胎内記憶を書いている本として、真名井拓美著「胎児の記憶」、美鈴著「あの世のひみつ」（徳間書店）、畑田天眞如著「命をつなぐ」（桃青社）などがあります。また歌手として有名なイルカさんは「鈴の音」という歌の中で、空を飛びながら自分の両親を捜していた、とご自身が昔から繰り返し見る夢の内容を詠み上げていますが、これも胎内記憶の一つである中間生記憶であろうと思われます。最近では、歌舞伎俳優の海老蔵さんがテレビで「歌舞伎俳優になるために親を選んできた」という話をしていたり、水谷ゆうさんという当時11歳のシンガーソングライターが「いっぱい大すき」という究極の親孝行ソングといわれる歌で、空の上から親を選んできた事を歌い上げ、ヒットしています。

水谷さんはご自身に胎内記憶がある、とテレビで明言しておられました。さらに書籍化されていない記述は新聞や雑誌の中にも散見されます。また、退行催眠という手法で胎内や幼少期の記憶を思い出すことにより生きにくさを解消する方法がありますが、これらの内容を記述した本はデーヴィッド・チェンバレン博士著「誕生を記憶する子ども達」(春秋社)をはじめとして、数多くの書籍が出版されています。

胎内記憶の調査

従来胎内記憶は3～4歳で無くなるといわれていました。本当に従来言われているとおりなのか、とても興味がありました。そして、色々な場所で協力をいただきながら、年代別の記憶保有率が出せました。

就学前の記憶

最近、インターネットで胎内記憶の調査をしていただくことができました。

調べていただいたのは携帯サイト『ママニティ』で、調査回答数528 調査日200

お答えいただいた538人の方の結果　（表2）

胎内記憶がある	373	69.3%
胎内記憶はない	59	11.0%
答えたがらない	53	9.9%
未回答	53	9.9%

8年2月12日～5月19日にサイトにアクセスし回答してくださったからのデータを表2お示しいたします。

私が以前調べた調査では32・9％の記憶保有率だったので、それに比べるとかなり高い率になります。これは母集団が胎内記憶に意識が高い人たちがアクセスしたことが原因で高い率になったのではないかと思います。

小学校生の記憶

小学生についてはある小学校が協力してくださり、296名のアンケートをとれました。就学後に記憶を持っているのは21名　7・1％でした。個人的に調べた範囲で32人（小学校2年）のクラスと33人（小学校1年）のクラスではそれぞれ3名の生徒さんに記憶があったため約9％に記憶があったため、小学生では7－9％くらいに記憶があると考えられます。

中学生・高校生の記憶

中学校は7校から講演依頼があり、その時にアンケートで生徒さんからデータを集めています。1－5％の幅はありますが、記憶があるようです。平成21年には県立希望ヶ丘高校の生徒さんが自分たちの出身した中学校で調査をして、15校1110名の調査から、中学生で胎内記憶を持つ生徒さんは28人　2・6％にあると報告しています。

成人の記憶の率

塩尻市のアンケート調査の時に調べました。1399名の方が回答を寄せ、そのうち6名（胎内記憶　3名、誕生記憶　5名、そのうち両方の記憶を有しているもの　2名）で1・1％の人は成人になっても記憶を持っていることがわかりました。倉敷市立短期大学保育学科の奥富庸一先生の研究では、大人で0・6％記憶を保持していると報告しています。

以上より、成人になっても記憶を持っている人はいますし、小学生から高校生にかけてもかなりの率で記憶があると考えられます。ただ、年齢とともに記憶を保有する人は減少していくようです。

胎内記憶が育児に影響を与える点

母親のストレスは胎盤ホルモンや酸化ストレスを介して、エピジェネティック的に次世代の遺伝子に影響を与え、行動異常、神経発達の異常などを引き起こし、さらに数世代その影響を残すことが動物実験で知られています。まだヒトでの証明はされていませんが、動物で異常が出るということはヒトにも影響があると考えることもできるのではないでしょうか。

しかし母親のストレスの緩和する方法が、なかなかありません。疫学では知識はあっても行動変容に結びつかないことが悩みの種、といわれています。多くの人は周囲の状況を変えなければならない、と考えますが、その状況を変えることはかなり難しいと考えられます。しかし、たとえその状況が変わらないとしても、その状況の「認識」を変えることでストレスが緩和することが可能です。母親がストレスな状況下にあるとしても、胎児に意識が向くことで気持ちが変わると、ストレスが大幅に軽減されます。それにより穏やかな出産育児を迎える人が増えていることは現場で実感できます。

胎内記憶の内容から、胎児は胎内から五感があり記憶もあり、母親の行動・発言を覚えているということや、母親を助けるためにやってきたという子どもがいる事を知るだけで、行動変容が起きる可能性が高いのです。その結果として子どもの行動発達、神経発達にネガティブな影響を与えずにすみ、社会的適応能力の高い子どもたちになるのであれば、胎内記憶は実学として意味のある領域であると考えます。

胎内記憶は肉体のないときの話も沢山出てくるので、これをどのように理解したらよいのか考えていると、色々な方との出会いがあり、その方たちに「命って何？」「たましいって何？」「宇宙って何？」「神って何？」と聞きまわった結果、現在では以下のように考えています。

人間は肉体とたましい（意識体）でできていて、たましいというものは5次元にある素粒子で本体は情報（波、波動）で、その情報には細胞膜のような膜がついています。

この情報が愛、宇宙、神と呼ばれる本体だという考え方です。

この膜は人間の肉体にぴったりと寄り添う形で5次元世界のたましいを包み込むのですが、肉体を中心に8ｍくらいの範囲に広がっています。ところでたましいの膜は実はたましいの外側にあるのではなく、肉体に寄り添い、たましいの情報はその体に向いて外から内側に放射されているようなのです。たましいの膜は外にあると思っていたのですが実は反対であったようなのです。この広がりは環境により大きくも小さくもなるのですが、他の人もしくは宇宙などとの情報のやり取りを直接していて、情報は自由に行き来することができるようです。しかしその情報は肉体に寄り添う膜に紐づいており、他人の情報は普通では自分の肉体に取り込めないようになっているようです。この情報を感知できる人がスーパーナチュラルと呼ばれたりエコープレゼンターと呼ばれる、いわゆるヒーラーさんであるのかもしれません。感情はその膜にあり、外の情報と体の中はたましいの膜の感情というフィルターを通してつながり、その情報は脳を介して電気信号として肉体に作用し、また5次元世界から寄り添うように遺伝子に存在し、その振る舞いをも規定する、という考えです。

これはまだ、仮設の段階でこのように表現している人を知らないので、正しいかどうかわかりません。しかし、たましいというものに5次元を想定してさらにたましいの膜が肉体に寄り添い、そのたましいは肉体の外側に存在する、と考えると、色々なことが説明可能となってきます。

以上が現時点における胎内記憶最前線です。

胎内記憶を知ると、妊娠する機関をどのように過ごすのかがとても重要になり、大人目線の子育てから子供目線の子育てに個別化する必要があることが理解されてきます。

今までの妊娠・出産・育児の概念を変える必要があると思いますが、胎内記憶は知るだけで、簡単にできるように動機づけできますし行動変容が起きます。しかも費用はタダ！だれでもやろうと思えばできることです。

知っていたら育児が変わったのに、という方にはぜひ知っていていただきたい知識です。

もし胎内記憶に賛同する方がおられるのでしたら、ぜひ広めるお手伝いをしていただけると嬉しいです。

参考

胎内記憶教育協会

https://premea.or.jp/association/

なぜ瞑想をするのか？

上田サトシ

LOVE
Earth

はじめに――人間とは何か？

「人間とは何か？」そんな疑問を真摯に捉え、人間の存在意義を考えようとする個性心理学の弦本先生、幼児教育研究の七田厚先生、胎内記憶研究の第一人者の池川明先生、自らの幼児体験と子育ての体験を通して個性心理学を広めている白石まるみさん、そして生きる力を育てる瞑想を広げている私、上田サトシの5名が集まり、本著を出版する事となりました。

生きる道に悩まれて、何処へ進むのか迷っている方の手元に届き、この本が少しでもお役に立てれば幸いです。

プロローグ――宇宙とは何か？

私たちが今生きているこの宇宙は、96パーセントの目に見えないダークエネルギー（暗黒エネルギー）と、4パーセントの目に見える素粒子でできています。これは目に見える世界よりも、目に見えない世界の方がずっと多いという意味です。そして、96パーセントのダークエネルギーは、やがて残りの4パーセントの世界を飲み込んで消してしまうとも言われています。

そんな「宇宙」という時間と空間は、何もないところに突然創られました。何も意図していないのに「宇宙」が出来たわけでは無く、きっと「宇宙の〝意識〟と呼ばれるものが宇宙を創った」と思うのです。

そんな「なぜ宇宙がそこに創られたのか？」ということに思いを巡らせると、宇宙や人間が創られた過程や秘密を解き明かせるように思え、とても楽しく感じます。

なぜ、瞑想をするのか？——社会の常識や価値観を変える

赤ちゃんが宇宙から降りてきて、地球に産まれる時は、人生で起きる全ての出来事を知って産まれてくると言われています。

それが大人になるに徒れ、常識に合わない事柄を「妄想」だと思って忘れてしまい、「夢」を諦めてしまう。そして人生の目的や答えも見失ってしまう。

人は弱い存在だから、「何者でもない弱い自分」というのを認めるのが怖い。だから自分を誤魔化して、「社会の常識や価値観」という枠の中で生きて、皆んなに合わせて生きていこうとするけれど、こころの何処かで歪みが起きてしまい、いつしか身体やこころを壊してしまう。

そんな時に立ち止まって、空を見上げて私たちが降りてきたたましいの故郷を思い浮かべてみます。

「宇宙ってどう始まったの？」
「人間は何処から来て、何処へ行くの？」

この世界には解らない事が沢山あるけれど、そんな誰でも小さい頃に一度は思い浮かべるような質問を、想像力を働かせてもう一度考えて、自分だけの真実の答えを思い浮かべてみませんか？

そうしてみると、面白い考えや思いが次々と浮かんできます。本当の真実は解らないかも知れないけど、答えを考えるだけでワクワクして無限の可能性が浮かんできます。

自分が納得出来る、未だ見ぬ本当の真実というのを探し続けて、常識の枠を超えた知識や感覚を追いかけて、「自由になりたい」って思うのは、人間の本質です。

「目に見えなくても、自分にとって大切な事がある。そんな自分の真実を見つけるのは幸せだ」

そんなふうにきっと人間は、自分にとっての未だ見ぬ真実を見つけようとする時に「生きがい」を感じるのです。

自分は何処から来て、何処へ行くのか？

人生という長いレースを走り続けて、無茶をして負担をかけ過ぎて、いつしか身体やこころを壊してしまう。そうして立ち止まった時に初めて、自分という存在を見つめなおして、

「自分が生まれてきた目的は何なのか？

自分は何者なのか？

自分は何処から来て、何処へ行くのか？」

きっとそんな事を思うのです。


全てが上手くいっていて、何も問題が無い時には、何も思わず何も考えず、全ての物事が当たり前のように動いているように感じます。

それが一旦、何か問題が発生して**「何もかもが上手くいかない」**と感じて、初めて当たり前だと思っていた事が、実は多くの人達のお陰で成り立っていたという事が解り、**「何者でも無い自分」**という存在を思い知るのです。


僕も身体を壊して、立ち止まらなくてはいけない時というのがありました。

マラソンが好きで、毎日走っていた10代の頃。それが無理をしすぎて、身体を壊して腎臓を病んでしまい、一年近くの長期入院をしたのです。

あの頃はマラソンにどっぷりとのめり込んでいたので、まるで人生の終わりのようにショックを受け、そんなに長い間家族と離れて過ごすのも初めてで、毎日病院のベッドの上で泣いてばかりいました。

「病気とは一生付き合わなければいけない」とも言われ、少しの運動さえ禁止で「ベッドの上から降りてもいけない」と言われたので、本当にお先真っ暗で、「これで僕の人生は終わった」とさえ思ったのでした。

退院して学校に復学してからも、体育は見学、そして長期の休学だったせいもあり親しい友人も出来なくて孤独でした。40人近くいたクラスメートに馴染めない僕は異質で、空気のような存在感の無い人間だと思えました。

自分が悪い

学校の勉強や友人関係、人間関係、そして親との関係や様々な問題が起きると、いつも「自分が悪い」と自分を責めて、死んでしまいたいぐらい落ち込んでしまって、そして何度も何度も同じように責めてまた落ち込んで、出口が見つからずに、自分が嫌いになってしまいました。

「どこかへ逃げ出したい」って思っても、本当に逃げるような度胸も勇気もない自分を知って、また自己嫌悪してしまう。

「自分は悪くない。なぜ自分が悪いのか？」

そう考えることにさえ罪悪感を抱いてしまう気がして、理由も考えずに、ただ「自分が悪いと思った方がよいのだ」と思ってしまう。

そして、そんな『誰かの罪を背負っているような自分』に酔って、自分を正当化して、自分が変わらなくてもいい理由を見つけようとしては、「親が悪い。社会が悪い。誰々が悪い」と、社会や誰かのせいにしてしまう――。

そんな複雑な感情を言葉でどう表現すれば良いのかも解らずに、誰にも言えずに感情をこころの中に閉じ込めて、こころを傷つけて、一番近い存在の親や家族に悪態をついて傷つけてしまう。

僕はそんなふうに長い間、自分のこころや感情を理解出来ずに、言葉で表現する事も出来ずに、生きていて何をすれば良いのかも解らずにいました。
皆んなの真似をして、東京という都会の人混みの中に自分を隠そうとしては、上手く出来ない自分、駄目な自分を感じては、また自分を責めていました。

瞑想に出会う前の僕は、まさにそんな感じの、情けない人間でした。それが長い時が経って瞑想に出会って、自分の中の何かが少しずつ変わっていったのです。それはまるでこころの中にあった壁が、暖かい日差しの中で少しずつ溶けていくようでした。

感性と言葉

「自分が何を感じて、何を思って、今何がしたいのか？」
そんなふうに『静かな時間の中で自分自身に問いかけて、答えを導いて、言葉にして出していく』と、思いがけない自分の本当の気持ちが出てきます。

心の奥に隠れていた本当の思いがフツフツと表に出てきます。そんな思いがけずに出てくる言葉は、新鮮な気づきを与えてくれ、涙を流させたりします。

簡単なプロセスを通して、頭の中を整理して脳を動かせていく。

すると自分の今の気持ちが、少しずつ理解できるようになって、自分の生きる意味や方向性が何と無く少しずつ解ってきて、肩の力が抜けて、前に進めるようになっていったのです。


「瞑想」というのは、まさに、そうした自分の内にある、自分でも気づけずにいた、あるいは解らなくなってしまっていた自分の声を聴くことなのだと思います。それまでに経験した出来事や、胎内記憶などの心の深い処にあって、こんがらがって解らなくなってしまったこころの声を聞いて、束縛している嫌な思いを手放して、自由にさせて幸せに導いてあげることだと、少しずつ解っていったのです。


「何をどう感じて、何がしたいのか？」

瞑想に出会う前は、そんな基本的で必要な事さえ解らなくなっていたのです。

それが瞑想を少しずつ毎日していくと、そんなもやもやと霧がかかっていたような状態が、少しずつクリアになり、透明感を増していったのです。

「自分の感覚が育って、こころが自由になる」

瞑想を始めてから息が深く出来るようになりました。それまで気がつかなかったのですが、普段の生活の中で知らず知らずの間に、周囲の情報に振り回されて行き詰まって、息が浅くなっていたのです。穏やかな気持ちで過ごす事が出来なく無っていたのです。

それが、「自分のこころは何を感じているのか？」

その事を理解しようとするだけで、頭や身体から力が抜けて楽になっていったのです。

忙しい日々の生活の中では、落ち着いて自分自身に向き合う時間というのはなかなか取れないものです。しかしだからこそ、1日5分間ほどの短い時間でもよいので、目を瞑って、心を落ち着かせて、頭を整理すると、何かが変わっていきます。

自分の周りの空気が少しずつ落ち着いて、澄んできて、心の中の粗い思いが流れ落ちていって、内側に秘めている本質的な思いが浮かび上がってきます。

目を瞑って感受性を高めていくと、こころの内なる声に耳を傾けられ、それまで気がつかなかった色々なアイデアや気づきが頭に浮かんできて、抱えている問題の答えが「ふっ」と浮かんだりします。

瞑想を実践していって、僕の頭の中は少しずつ整理されて落ち着いていきました。そして初めて「自分自身のこころの声を聞けるようになった」と感じたのです。それまで頭の中にあった白い霧のようなモヤモヤが少しずつ消えていったのです。

《瞑想して感じたことを言葉にするプロセスの例》

感じたことを言葉にして説明するというのは、実はとても難しいことです。日頃から常識という枠の中で生きている私たちにとって、「こういう事を思ったら、口にしたら、変に思われる」と思うかも知れません。

この感じたことを言葉にするというプロセスでは、次のような手順を紹介しています。瞑想をして自分の言葉を紡ぎ出す時に参考にして頂けましたら幸いです。

1　まず、自分がどう感じたのか？（Ｈｏｗ？）
例：気持ちいい

2　そう感じたのは、なぜ？自分の中の何が変化したから？（Ｗｈａｔ？）
例：肩の力が抜けたので

3　なぜ自分がそう感じたのか？（Ｗｈｙ？）
例：力が抜けて、これまで力を入れていたのが解った。

4　「感じたこと、変化したこと」などの理由は何かを考える。（Ｔｈｉｎｋ）
例：良い子でいるようにと、きびしく躾けられた事が力を入れさせていた。

5　言葉に書いて説明する。（Ｅｘｐｌａｉｎ）
例：それまで自分では解らなかったが、いつも力んでいて上手くいっていなかった。小さいころに経験したことの影響で「こうでなければいけない」という思い込みが強かった。そういったことに気がついて、今は精神的にも力が抜けて気持ちが良い。

瞑想は心の傷を癒やしてくれる

思えばそれまでの僕は、色々な出来事をきっかけに自分を被害者のように思って、周囲の人たちを羨んでいたのだと思います。自分を責めて、人を責めて、親を責めて、社会から孤立したような疎外感を持っていました。

それが瞑想を始めて、『自分の心と向き合って話をする』というのが、楽しくて嬉しくて仕方が無いようになっていきました。それまで不安で恐怖に包まれていた自分が、「自分だけの真実の声」を少しずつ理解するようになって、自信を持ち始めていったのです。

しかし、それまでこころの奥底に隠していた、「苦しくて悲しくて切ない思い」が浮かび上がってくるときもあって、そんな時は、こころの中の本当の思いを知って、苦しんだり悲しんだりして涙が流れました。

「幸せになってはいけない」

心のどこかで、そんなふうに思っている自分を見つたりもしました。

「幼いころ親に否定されて心が傷ついてしまって、今でも自分を否定している」

日頃は気がつかなかった、そんな心の傷や癖を見つけたりもしました。

胎児のころ、あるいは幼少期に受けた心の傷というのは、時間が経っても心のどこかに残っているのです。


「僕はお母さんにとって良い子じゃないから、悪い子だから、幸せになっちゃいけないんだ」

ある親子のヒーリングをさせて頂いた時、そう言って心の傷を訴えてきた子どももいました。誰でも心の傷はあって、その子のその言葉は「僕のこころの声のようだ」と思えてショックを受けたのでした。


親や身近な人に否定されてしまうと、自分を否定してしまい、大人になっても「幸せを感じられなくて、悩んでしまう」ということがあります。

そんな時に人間は誰かと繋がって、「自分を認めて、応援して欲しい」と思い、誰にも否定される事なく、愛を信じて、生きる幸せを感じたいと思うのです。

自分を否定してしまったり、生きるのに迷っている時こそ、「瞑想をして、心の傷を癒やす」という事が必要です。そうすると、それまでの生き方や考え方が大きく変わって、前向きに幸せに歩いていけるようになります。そして新しい出会いがあって、助けてくれる人が現れ、気づきがあるのです。

オーラ・リーディング

25歳の時に一大決心をして、その頃住んでいた東京を後に単身アメリカに移り住みました。

それから紆余曲折があって、ハワイのキリスト教の大学を卒業した後、カリフォルニア州にあるシリコンバレーで働きました。その頃、仕事や人間関係で疲れて鬱になったのです。

「何とかしなければ」

そう思って近所のBPI（バークレー・サイキック・インスティチュート）という瞑想教室で瞑想を始めたのですが、それがとても良かったのです。しばらくすると僕の鬱はすっかり良くなりました。

そして「クレアボヤンス・プログラム」といって「透視能力を使って自分を癒す」あるいは「人の振り見て我が振り直せ」という趣旨のプログラムがあったのですが、僕は深く考えもせずに受講したのです。

そのプログラムの中では、「オーラ・リーディング」と言って、実際にインターンとしてお客様にスピリチュアル・カウンセリングをするのです。初めはわけも分からず、先輩のしているのを見よう見真似でしていたのですが、それが何度もしていくうちに、少しずつ「リーディングとは何なのか？」というのが解っていきました。

表面上は何も問題が無いように思えても、例えばある出来事で苦しんだり、あるいは親しい誰かと死別したりと、見かけだけでは解らない悩みや苦しみを人それぞれ抱えていたのです。

そして抱えている本人も「本当は何が問題で苦しくて悲しいのか？」という事が理解できずに、悩んだり苦しんだりしていたのです。

そういった本人でも解らない事を、「見えない世界では一体何が起きているのか？」という側面から透視して、言葉を紡いで伝えていくのがオーラ・リーディングなのです。

「目の前に困って、苦しんで悩んで、悲しんでいる人がいる。その人をどうにか助けてあげたい」

そう思って自分の内面の深い処にあるたましいに向き合うと、真摯な言葉が産み出されてくるのです。

その時に、自分なりの考えや思いといったフィルターを通して相手に伝えるのですが、その言葉を真摯に発しようとすればする程、自分に向けて言っているように聞こえてきます。

上辺だけの表面だけの言葉では、人のこころの深いところには届きません。

本当の「たましいの言葉」だけが、人のこころの深い処にたどり着くのです。そしてその言葉は自分自身のたましいにも響き、涙を流させるのです。

こころの深い処に届く言葉

「あなたには亡くなられた男の子がいましたね。その子はあなたにとって特別な存在で、ずっと昔から、そしてこの先もずっと、あなたの側にいますよ」

その時、亡くなられた子どもが隣にいて、「自分はここに居るよ。だからお母さん。泣かないで」と言ったように感じた。そんな事もありました。

他の誰かが聞いたとしたら、何気なく聞き流してしまうような言葉。それでもその言葉はその人のたましいに響いて「無駄な命では無かったんだ」と子どもが亡くなった事の意味を考えさせ、涙を流させたのです。

あの時彼女は、真剣に僕の言葉に耳を傾けてくれた。それは僕にとって新鮮な驚きとなり、転機となりました。それまで極力人と繋がるのを避けていて、親しい友人と呼べる友人も無かった僕は、そんな「たましいで繋がるような深い話をした経験」が無かった事に気がついたのです。

「こんなにも僕の話を真剣に聞いてくれる人が居る。真摯に自分に向き合って紡ぎ出した言葉はたましいの深い処に届くんだ」

そう思えて、それまでいかに「真摯に自分自身に向き合っていなかったのか」という事が解ったのです。

「人を助ける時に必要な真摯な言葉。それを紡ぎ出すのに、こころの中の壁が邪魔になる」オーラ・リーディングをしていく中で、その事が解っていって、僕はそのこころの壁を出来るだけ無くして、「純粋に感じた事だけを、言葉にして紡いでいく」という事が宝物のように大切に思えてきたのです。

それまでの僕は、何かが起きると社会や人、親や友人のせいにして、人との間に壁を造って極力人と繋がるのを避けていました。そしてその事を認められずに、物事の本質から逃げていて、「自分自身のこころの中に壁を造っていた」のです。

人を理解しようとせず、自分自身をも理解しようとしないで、こころの中に壁を造って世界から逃げようとしていた自分。それでも真摯にたましいに向き合って言葉を紡ぎ出すと、世界は、相手は答えてくれる。その事をオーラ・リーディングを通して、僕の言葉を真摯に聞いてくださる方々から学んだのです。

「変わらなくちゃいけなかったのは、人や社会じゃ無かった。
変わらなくちゃいけないのは、自分自身だったんだ」

その頃出会ったアメリカで出会った、暖かいこころを持った人たちから、そんな気づきを学ばせてもらったのです。

過去の傷ついている自分を癒す

小さい頃にこころが傷ついた経験があって、未だその時の思いから前に進めないで苦しくて悩んで、そこから一歩も動けないでいる自分がいる。そんな遠い昔に傷ついた自分を解ってあげられるのは自分だけで、癒してあげられるのも自分だけ。勇気を持って、小さいころの自分に向き合って話をすれば、きっと心の扉が開いて、全てを許し、愛に包まれて、幸せな気持ちになれる。

静かな場所で目を瞑って、『意識を今現在に集めて、頭の中心に集めて』いきます。そして苦しんで困っている過去の自分の姿を、目の前に座っているように思い浮かべます。そして「こんにちは」と言って、ゆっくりと話をしていきます。「過去の記憶の中に置き忘れていた自分がそこにいる」と思うと、心が少しずつ暖かくなっていきます。そしてそんな自分自身に向き合って話をする時間が、とても貴重で宝物のように思えてきます。

そんなふうに自分自身のこころの深いところに向き合っていくと、生き方を根本から変えるパワーが溢れ出てきて、生きる目的や無限の可能性を感じます。そして「自分が今、此処にいる感覚」を感じて、幸せな気持ちになって前向きに進む事が出来るのです。

自分はいったい何者なのか？

「愛を信じてこの世に生まれ、喜びを知って生きることに感謝する」

生まれてきた時は、そんな「幸せになるために生まれてきた」という目的があったのだと思います。それが大人になって色んな辛い事を経験して、悲しんだり苦しんだりしていくにつれ、「幸せになる」という目的を忘れてしまう。

次々と苦しい事が津波のように押し寄せてきて、夢や希望が押しつぶされてしまう。

それでもどんなに苦しいことがあって、幾度となく夢や希望が押しつぶされようと、「生きていてよかった」と思える日は必ず来ると、自分を信じて何度でも立ち上がる。

「自分はいったい、何者なのか？何のために生まれてきたのか？」

「苦しみや悲しみ、地位や名誉や財産、自分が特別な存在だ」という思い、そして自分の名前さえ、そんなガラクタのような様々な事柄を頭の中から消しさって、この世界に自分を執着させているすべてのものを手放して、自分のたましいやこころを自由にしていく。
それは「死んだ後の状態になる」、あるいは「生まれたばかりの赤ちゃんの時にかえる」という事なのかも知れません。

そうしてたましいを自由にさせていった時に初めて、真の本当の自分のこころと話が出来るようになるのです。自分を執着させている様々な物事が、こころを理解するのに邪魔な壁になっているという事が解っていくのです。

不思議なもので、物質的に満たしている物が、たましいの自由を乏しくさせる時が多々あります。
たましいが自由になっていくと、どんな状況でも周りの人とたましいで繋がることができて、自分の心に嘘をつか無くても良く、自分の本質を知っている。そしてそれがとても貴重なのだと感じられる。そんな状態になっていきます。

「消えてなくなることのない、永遠なものとは何なのか？」

瞑想を通して、そんな問いの答えが、ほんの少し解ってきて嬉しくなるのです。

アルジャーノン・プロジェクト——親子の瞑想

ご自身やお子さんの抱えている問題を、個々の別々の問題とは捉えずに、家族全体の問題だと捉え、瞑想を通して家族みんなのエネルギーを整え、それぞれの気づきを得て問題を整理するという瞑想ワークショップが「アルジャーノン・プロジェクト」です。

これまでに参加された親御さんやお子さん、ご家族の方々は、家族が抱えている悩みや問題などを通して「命とは？　魂とは？」を考えさせられ、沢山の気づきを得られたようでした。

幼い子どもたちは感性が豊かで、瞑想を通して「生まれる前の記憶」を導き出すと、低学年の子どもたちの中には覚えている子も多く、話をしてくれました。

「頭が下で、逆さまだった」「暗くて暖かかった」「気持ち良かった」などと教えてくれ、中には前世を覚えている子どももいて驚かされました。

子どもたちは子どもなりにストレスを抱えていて、将来への不安なども持っているということも、初対面の僕に打ち明けてくれて、小学生がそんなに多くの不安やストレスを持っているということが新鮮に感じられました。内心、出来るかどうか心配していた瞑想も、みんなおとなしく真剣に目を瞑って自分の感性を感じていきました。

子どもたちが真摯に、静かに少しずつ自分たちの心に向き合い、自分を「たましい」の存在として感じとり、自分の感性、そして本当の自分の心に向き合って瞑想をする姿には感動させられます。

——自分が、何処から来て何処に向かうのか？
——何の為にこの人生を生きるのか？

そういった疑問の答えが、子どもたちの中にふつふつと浮かんできているようでした。その時に参加した子どもたちのほとんどが、胎内記憶、生前記憶、地球に降りてくる時の記憶などを思い浮かべることができ、話をしてくれました。

――「遠くから地球を見ていて、黄色い光となって地球に降りてきたよ」

――「天使みたいに、雲の上からお父さん、お母さんを見ていた」

――「雨粒みたいな球の中に入って、地上に降りてきた」

――「白い服を着ていて、弓矢を持っていた。その弓矢を自分が生まれてきたいお母さんやお父さんに向かって放った」

――「時代や生まれてくる国も選べる。双子や三つ子も選べる」

――「地球を宇宙から見ていて、黄色い光となって降りていった」


そういった思いを口にする子どもたちは、きっと地球という惑星の上に生きている生き物の全てを愛おしく感じると思うのです。そして、すべての子どもたち達がそんな優しい気持ちを持てたなら、この世界はどんなに優しい気持ちに包まれるのだろうと思うのです。


「頭がスッキリしたけど、それよりもっと心が暖かくなった」

「悲しいことを手放す方法を早くお母さんに伝えたい」そう言って、走ってお母さんに会いに行った子もいました。

それまで誰にも言えなくて、感じてもいけないと思っていて、一人で抱えていた悩みやストレス。それを「自分だけで抱えなくていいんだ。手放してもいいんだ」という考えに変わって、悩みや思いを口にして、自分を許せるようになったようでした。

「嫌なものは、嫌なんだ！」たったそれだけの言葉なのに、それまで口に出すことができなかった子どもたち。瞑想セミナーを通して、そんな感性を大切にする生き方を学んだ子どもたちは、「自分が好きなこと、したいことは何なのか？」ということに対して、真剣に向き合える勇気が持てたようでした。

子どもたちも、これから沢山の悲しいことや苦しいことに出会うと思います。でも、「自分の感性を大切にする」という考え方や生き方を知って、少しでも生きやすくなってほしい。困難に立ち向かう勇気を持って、逃げずに真剣に向きあえる、そんな子どもになってくれたらいいなと思うのです。

瞑想と子どもたちの心の成長

「自分が生まれる前の記憶を思い出す瞑想セミナー」を受講した子ども達から、後日、詳しいお話を聞くこともでき、実にさまざまな記憶を持っていて、何かが変わった子どももいました。

「親子の瞑想セミナー」を受講した子どもたちのその後の経過については、親御さんや幼児教室の先生から、「しっかりとしたように見える。記憶力が驚くほど良くなった。目が良くなった。勘が良くなってＥＳＰカードで全問正解したり、正解率が極端に良くなったりした」などという報告をいただきました。

子どもたちの豊かな感性に触れると、〝目に見える現実の世界だけがすべてではなくて、目に見えなくても大切なことがこの世界にはある〟ということを感じさせられます。子どもたちには、目で見えることだけに振り回されるのではなく、自分の感性を信じて強く生きてほしいと思うのです。

――自分はどこから来て、どこに向かっているのか？
――自分はこの世界でどう生きれば良いのか？
――人生の目的は何なのか？
そのような、答えの出ない疑問に、生まれてくる前の記憶は答えてくれるのです。

アルジャーノン・プロジェクト――発達が気になる子どもと親の瞑想

「アルジャーノン・プロジェクト」という活動を、2010年ぐらいからしています。それは発達障がい、ダウン症、自閉症、アスペルガー症候群など発達が気になる子ども達、そして家族のための「メディテーション・トレーニング」の事で、瞑想やヒーリングを通して親子の関係を整え、こころ豊かに幸せになるというプロジェクトです。

具体的には、親御さんのカウンセリング、そして人間を構成している3つの基本的な要素である「たましい、こころ、からだ」の関係を観察して、何処をどのようにすれば「身体の神経を流れる電気伝導率が良くなるのか？」を考え、瞑想とヒーリングを通して調整していきます。

「先生、この子を治してください」

そう言われる親御さんがいらっしゃいますが、
僕たちは「子どもより先に親御さんをまず見させて頂く」という事、そして親御さんの瞑想は重要で、「子どもに会わなくても、親のエネルギーが変わるだけで子どもが変わる」という事を説明させて頂くのです。

これまで、瞑想会やカウンセリング、ヒーリングに参加された親御さんの気持ちが変わるだけで、子どもたちが瞬時に変わっていくのを何度も見させて頂きました。

「それまで抱えていた思いが吹っ切れた」

瞑想会に参加されて涙が止めどなく出てきて、そう言われた方もいました。

「会いたかった。お母さんを待っていたの」

瞑想会が終わって家に帰ると、それまで不仲だった娘が玄関で待っていて、そんなふうに出迎えてくれたという事もあったのです。

親の思いが変わる瞬時、離れていても子どもの気持ちが変わるのです。そしてそれは親子の関係だけでなく、愛する人を思う気持ち、信じる気持ちは必ず届いて、人を変えるという事を意味しているのです。

Sちゃん

人生の転機というのは、過ぎ去ってから気づくものなのだと思いますが、何年か前にさせて頂いた「Sちゃんのヒーリング」は、僕の人生の中でも大きなターニングポイントとなりました。

Sちゃんは当時年長の女の子。初めて会った時は発語が少なく、言っている意味が良く解らなかったり、コミュニケーションが苦手な子でした。身体つきも小さい方で、病弱な感じでした。身体を動かす時もどこかギクシャクとした感じで、歩くスピードも遅かったです。

ひらがなを書く時も上手く書けなかったりと、保育園の先生にも「発達障がいの診断を受けた方が良い」と言われていたそうです。お母さんは子供の事を思うと不安で、「何とかしたい」と思って諦めませんでした。

Sちゃんの親子には、約3ヶ月程の瞑想やカウンセリングなどを含めたヒーリングプロジェクトを受けて頂きました。そして終了した時に、お母さんから色々とお話を聞かせてもらいました。

Sちゃんの経過は良好で、見ただけでは普通にそのへんで遊んでいる子どもと変わらない様子で、自閉症とか発達障がいという言葉はとても当てはまらないくらい元気でした。背も大分伸びたようで、身体も大きくなったようでした。言葉のキャッチボールも出来るようになり、以前のように身振りで伝えようとはしなくなりました。

「私が死んだ後、この子はどうなるのかしら」

以前はそう心配して言っていたお母さんでしたが、もうそういう気持ちは何処にも無く、明るい気持ちで前向きに将来を見れるようになりました。

以前は、強迫観念や、「何とかしなくちゃ、でも何をしていいのか解らない」という気持ちが常にあって、「他の子と比べてはいけないのに、比べていた」そうです。

それが、「知人、友人から「急に変わった」と言われるようになり、以前のような仕草、ぐるぐる回る、逆立などをする事は殆ど無くなったそうです。

「この子は手が遅く、覚えるのも遅いですが、ゆっくりと確実に学んだものを自分の物にする子です。何とか、普通に、このまま育ってくれれば」

Sちゃんのお母さんはそんなふうに楽な気持ちでSちゃんの将来を見る事が出来るようになって、肩の力が抜けたようでした。

「初日にヒーリングした日から別人みたいに変わって、嬉しくて、嬉しくて、今まで諦めないで良かった」

子どもの事で悩む事が無くなり、これからの成長が楽しみになって「精神世界の影響を確信」したそうです。

（以下、お母さんからのメールです）


あきらめない事が一番大切だと思います。

私は、ポジティブな物だけに目を向けるようにしていました。

良くなった例などに注目して、あきらめませんでした。


今の医療では、障がい児を持つ親は「現状を受け入れなさい」とあきらめさせられます。

でも私は、あきらめないで本当に良かった。もしシャスタヒーリングに出会ってなくても、今でもあきらめないで探し続けていたと思います。


だから皆んなにもあきらめないで、前向きに探して欲しいと思っています。

シャスタヒーリングで上田さんのヒーリングを受けて、

「何かよくわからないけど、確かに変わった。何かがはずれたみたい」

これが最初の印象でした。

言葉の数、歩き方、目線、仕草、等々。「同じ子供なの？」と驚いてしまいました。まるで内側に潜んでいたものが一気に出てくるようでした。

それを証明するように写真にうつる顔が別人のように年相応の表情なのです。不思議な事ってあるものです。私は今まで「目に見えない世界」の事は関心はありましたが、いざ自分のこととなると否定的で見ないようにしてきたように思います。

でも、どこか、何かが引っかかっていた……「何かあるんじゃないか？」潜在的に感じていました。それを、ずばり！修理していただいた。そう思っています。

本当に、感謝でいっぱいです。これを見てくださっているお母様方、どうぞ希望を、光をみつめてください。どうかどうか、あきらめないで！

私の心からの願いです。

（母より）

自閉症の男の子

「これから2年間は大変ですけど、頑張ってください」
当時、その子どもは13歳。
大変な子育ての時期がいつまで続くのか、気持ちが落ち込んで自分が解らなくなってしまわないようにと、あの時「これは言わなければ」と伝えさせて頂きました。

ぼんやりとして何を考えているのか解らなく、言葉を発する事も無く、自発的に何かをしようとする意思も無く、ただ親に手を引っ張られるから歩く、お腹が減ったから食べる。そんな感じの男の子でした。

あの時、あの瞬間に男の子の目が「カッ」と開いて、光が宿って、自発的に身体を動かして歩き出したのを今でも覚えています。その瞬間を、お父さんが見ていて「たましいが宿った」と言っていました。

たましいが宿ったと言っても、身体は13歳です。それはまるで、中身が感情のコントロールが出来ない赤ちゃんで、外身は筋肉がしっかりしてきている大人の身体で、人間としてのバランスが取れていない状態で、ありとあらゆる問題が起こり得る状態だと思いました。

感情のコントロールが出来なくて、感情をそのまま出して周囲に迷惑をかけてしまったり、家族や周囲の人たちの対応が大変だろうと容易に想像出来ました。

それから3年の年月が経って、親子は本当に大変な時期を過ごしたようでした。

「まさかこんな事が我が家に起きるなんて」

テレビの字幕を見て、驚くようなスピードで文字を覚えて、片言の発語をするようになって、生まれて初めてお父さんの絵も描いた。

そんな驚くような成長があったかと思うと、感情的になって暴れてしまったりと、本当に大変な子育てだったようでした。

それでも子どものたましい、そして自分自身のたましいに真剣に向き合う充実感は、何事にも変えられないものだったようです。

生まれて初めて描いたという『お父さん』の絵。

優しいお父さんと、親を愛する子どもの気持ちに、感動して涙が流れます。

この子が、宇宙の中で数ある家族の中からこの家族を選んで降りてきて、みんなに感動を与えてくれた事に「産まれるという意味、生きるという事の意味」を考えさせられます。

(以下、お母さんから頂いた感想です。)

息子は少ない単語しか発語がなく、意志の疎通が難しい子でした。我が子が何を考えているか分からないといった状態で、コミュニケーションに悩む日々でした。

上田さんのヒーリング中に突然、パッと目を見開いて目付きが変わった時が一度だけあり、それがとても印象的でした。

その後は口にする言葉も少しずつ増え、出来なかった正座も出来るようになって、見ていたみんなが驚きました。

プログラムを受けて３ヶ月位から徐々に意識が明確になり、自分の気持ちを理解して欲しいという思いが強くなってきました。そのせいか、学校や家庭で人に迷惑をかけてしまう、他害が増えました。


それまでの不満、伝えたい思いがいっきに爆発したような感じでした。

特に私、母親への攻撃は強かったです。

取っ組み合いをしながら、それまで溜めていた息子の思いが、ビシビシと伝わってくるのを感じました。

初めは暴れる我が子を怖いという思いで接していましたが「息子は全身で思いを表現しているんだから、思いをしっかり受け止めるぞ」腹をくくりました。

それまでお互いに手探りな状態で、母親でありながら情けない思いでいっぱいでしたが、プログラムを受けて初めて息子と本音でぶつかり合う事ができました。

たましいのぶつかり合いといいますか。それはそれは大変で、とても辛い時期でした。

それでもそんな大変な状態なのに、なぜか充実感を感じていました。

プログラムを受けて3年経った今、初めて親子の繋がりを強く大きく感じ始めて、やっとスタートに立てたと思えています。

本当にお世話になりました。感謝の気持ちでいっぱいです。ありがとうございました。

（母より）

高間彦神社にて

高間彦神社にお参りに行った時、ヒーリングプログラムを受けたHちゃん家族の顔が頭にうかんできました。

「絶対に何とかする。僕がしないでだれがするんだ」

僕がそんなふうに思えたのは、あなたのお父さんの強い思いがあったからでした。あなたとあなたの家族に出会えて、背中を押されて勇気が持てました。

それから、次々に僕のヒーリングプログラムに参加した子どもたちの顔が頭に浮かんできました。

子どもどうしのケンカで、初めて自分からあやまって仲直りしたK君。

ほんのちょとした事だけど、K君の成長が伺えて感動したのを思い出します。

生まれて初めて親御さんと会話が出来るようになって、前日のヒーリングでは、生まれて初めて正座ができるようになったY君。クラスでは他の子どもたちと一緒に先生の質問に答えていた。

パズルや迷路では健常者よりも誰よりも早く終わって、他の子どもたちと一緒に同じようにクラスを受けれるなんて、まるで夢のようと家族の皆んなが感動した。

質問に答える度に、お母さんをちらっと見て、「出来たよっ！」と目で合図するY君にS君。あなた達の成長には驚かせるものがありました。

その他の沢山の子どもたちの顔が次々と頭の中に浮かんできて、涙が流れてくるのでした。

ある幼児教室では、発達障がい児のクラスはマンツーマン、先生一人に生徒が一人でしか出来ないと言われてきました。それがそのセミナーでは、1クラスに合計20人以上で、みんな真面目に真剣にクラスを受けられたのです。

中には健常者よりも能力が高い子供たちがいて、「発達が気になる子供の能力には、ずば抜けたところがあって、上手に伸ばしてあげれば結果が出る」という考えは正しかっんだと証明してくれました。

Hちゃんに Y君、それにダウン症候群で遺伝子的に絶対に治らないといわれていた赤ちゃんのCちゃん。

初めて見た時にはどうしていいのか解らなかったけど、信じてヒーリングを受けてくれた。

理論だけで殆ど実績が無かった僕に、子ども達を委ねてヒーリングを受けてくれた親御さん達。それからボランティアで手伝ってくださった皆さん。そんな皆に感謝しないではいられない。

僕は小さい頃、貘《バク》になりたかった。
怖い夢を食べて、優しくて暖かい夢と希望を与える貘になりたかった。

子ども達が、寝てる間に怖い夢の中に閉じ込められて、
もがいて苦しんで逃げられなくなってしまった時、
何処からともなく忽然と現れて、
悪者をやっつけて、怖い夢の中から
子どもたちを救い出す正義の見方。

そして未来への夢と希望を与える。

そんな貘になりたかった。
みんなが寝静まった夜中に
夢の中を覗き込む

怖がって、泣いてる子どもはいないかな。
一人ぼっちで寂しくしてないかな。
ひとりひとり寝顔を見ながら確かめる。

ああ、この子はもう大丈夫
この子は、この能力は苦手だけど
この能力を伸ばせば楽に生きていける

この子は、ゆっくりだけど確実に自分のものにしていくタイプ。
ゆっくり自分で出来る事をさせて、ちょっと離れたところから見つめてあげれば伸びる。

この子は叱ってあげると愛情を感じるから、
感情を入れないで正すように叱ってあげて。

そんな事が、それぞれの子どもの顔を思い出す度に頭の中に浮かび上がる。

大丈夫、大丈夫。皆これから楽に生きていける。
世界にはもっともっと見なくちゃいけない事、
経験しなくちゃいけない事が待ってるよ。

夢と希望が持てるように、これからも前を見て進んでいかなくちゃ。

ミステリー・トレイン

「ミステリートレイン」というのは、行き先が解らないまま始発駅に集合して出発するという企画ツアーの事で、発達障がいの子ども達の為の「ヒーリングプログラム」は、そんな「ミステリートレイン」が誰も知らない夜中、静かに出発するように始まりました。

何処に行くのか解らない。それでも今までにないワクワクする気持ちがあって、「この人は何処に連れて行ってくれるか解らない。それでも今まで行った事のない未知の場所に連れて行ってくれるような気がする」

「今、乗らないと乗り遅れてしまう。この列車に乗れるチャンスは二度と無いかもしれない。目の前にあるこの列車に飛び乗らなければ、通り過ぎるのを見過ごしてしまう」

参加して下さった方はそう思っていたのかもしれない。

リーダーの僕だけが行き先を見ていて、誰も行き先の知らない列車。

途中で付けてもらった「アルジャーノン・プロジェクト」という名前さえ無いままプロジェクトは始まった。

「何処まで行くんだろう。この子ども達はどんなに成長していくんだろう」

子ども達がどんどん成長していくのを見ながら、参加している皆がワクワクしていった。

そんな感じで、プロジェクトは始まり、色々な出来事を乗り越えて進んでいった。
そしてプロジェクトがひと段落をむかえた時、終着駅が見え出して、プロジェクトが始まった頃のワクワク感が無くなって、祭りが終わった後に感じるような寂しささえ感じてしまった。
しかし関わってくださった沢山の人々と色々な出来事を思い出すと、何とも言えない充実感に満たされます。

アルジャーノン・プロジェクトという列車が動いて、タイミング良く皆が乗ってくれた。参加して下さった皆さんの顔と、子ども達の成長した顔を思い出すと、本当にやって良かったと思う。

そしてプロジェクトがひと段落して、やっとこれから子ども達の長い人生の道のりがこれから始まる。このプロジェクトで経験した事が、参加した子ども達の人生にとって有意義に影響を与えてくれればと切に願います。

■地球上の生き物とのつながりを感じる

瞑想をしながら「地球と繋がるグランディング」をイメージすると、心の中に、この世での自分の存在意義が何となく湧いてきます。生まれてきた目的、生きていることの意味、生きているという実感などが頭の中に浮かんできて、楽しくなってきます。

地球を大きなひとつの生き物と考えると、その上に住んでいる人間やすべての生き物は、地球の細胞の一つひとつのように思えてきた「すべての命ある生き物は、個々に別れているけれど、地球という大きな生き物の上では、実はみんな繋がっている」と思えてくるのです。

「地球にとって個々の細胞である生き物が、それぞれ子孫を残して次の世代に繋いでいく」

その事は、実は、地球という生き物が成長するのと同じ事なのです。

私たちが身体を生かすために、古い細胞は命を終えて消えていき、新しい細胞へと命をバトンタッチしていく。それは大きな視点から見ると、「地球を生かすために、地球の細胞である私たち人間が、命をまっとうして次の世代につないでいく」という事と同じで、地球は生きていて成長していると言えます。

地球の立場から見てみれば、問題点が浮き彫りになる

そんなふうに考えてみると、私たち人間が成長していく過程で発生するストレスや人との摩擦、いざこざなどは、健全な地球の成長を妨げてしまうものということになります。そして、もちろんそれらのことは地球が望んでいる事ではないということが解ってきます。地球の立場から、大きな観点から見てみると、地球は、自らの細胞である地球上のすべての生き物が、楽しく、幸せに、命をまっとうしてほしいと思っているのにちがいないのです。

だからこそ、地球は、人間が手放すすべてのストレスや感情を、そして地球や人間の成長を妨げるすべての物事を、受け止め、癒やしてくれるのです。緑の森の中や小川のせせ

らぎなど、自然の中に身を置いたとき、自分の抱えている悩みや思いが小さなものに思えたという経験がある人は多いでしょう。大きな自然にふれたときに、私たちが本来の自分になれるのは、地球とその魂の一部を感じ取るからなのです。

気について

気というのは、英語ではｍｉｎｄ（マインド）と訳せます。マインドは、「ドンマイ」などと、何かを失敗した時に「気にするな」と慰めたりする時に使います。
「気持ち」というのは「気を持っている」という意味で、「ドンマイ」という意味は（don't mind）「失敗した自分の気持ちをを持つな」という意味です。

気持ちというのは、その瞬間瞬間で異なり、次々と変化していくものです。今思っていた事が次の瞬間には違う。そして「何故違うのか？」という理由も解らない。

人間を構成している要素は「スピリット、マインド、ボディ（たましい、こころ、身体）」の3つだと言われています。

たましいが、「幸せになりたい」と思い、身体は歩いて人と知り合って話をして繋がって、そしてこころが、嬉しかったり悲しんだりして、結果として経験した事を喜ぶのです。

木は動く事が出来ないけど、私たち人間の「身体」は、歩いて誰かに会って話をして握手をしたりハグしたりして人と繋がる事が出来、「こころ」は喜んだり楽しんだりするのです。

そして「たましい」は、思っていた事が達成出来て幸せになっていくのです。

この3つのバランスが取れていると幸せを感じるのですが、バランスが崩れていくと苦しんだり悲しんだりしてしまいます。

「たましい、こころ、身体」

この3つのそれぞれの役割りを知って、自分自身の行動パターンや考え方を分析すると、自分自身を知るのに役立ちます。

しかし一旦バランスを崩してしまうと、自分の力だけで戻すのは大変で困難です。そんな場合は、この3つの要素を、メディテーション（瞑想）やヒーリング施術などを通してバランスを整えると、穏やかでバランス良く自然な状態に戻っていきます。

ハウス・ヒーリングについて

このように人を施術する方法、それと同じ方法で空間、家、店舗、幼児教室、そして住んでいる人や訪れる人などの気の流れをエネルギー調整して安定させて、インテリア・デザインしていくのが「ハウス・ヒーリング（家の浄化）」です。

店舗や教室などの空間の中にも、人間の身体と同じようなエネルギーの流れ、効果的にエネルギーを流す「ツボ」があります。身体を施術するようにそれらの「ツボ」を整え、空間に「気」を流して、「いのち」を宿らせていく。

その「いのち」とは、実は「その空間に集う人が、どのように過ごして欲しいのか？」というその「空間のコンセプト」であり、それが明確になればなる程、そこに住む人、働いている人、訪れる人たちの勤労意欲や思いや流れ、そしてお金の流れなど様々な事柄が変化していきます。

ハウス・ヒーリングをして「エネルギー調整」がされると、気が流れ「気づきやインスピレーションがある空間」になり、「生きる素晴らしさや目的」が、何となく浮かんできて、明るい空間を創り出していきます。すると、「いのち」が宿った赤ちゃんが育って大きくなっていくように、ひとりでに空間の気が少しずつ流れていくのです。

■エピローグ――慈悲の優しい気持ち

いつか、こんな夢を見ました。

「慈悲の優しい気持ちが無ければ。何の役にも立たないんだよ」

誰かがそう言っていて、僕は僧侶の格好をしていて、何故かチベットにいました。

「技術だけを勉強しても、何の役にも立たない」そんな夢のお告げのようでした。

「『赤ちゃんは死んでもすぐ側に居るんですよ』という言葉に涙が止まらず、この先生から瞑想を学びたいと思ったんです」ある時、そんなふうに言われた方がいました。

人は亡くなっても、愛は確かにそこにあって、心の中で一緒に成長する。
そして「人を生かすチカラ」とはそんなふうに、生きていても亡くなっていても相手を優しく想う慈悲の心なんだと思います。

「そんな慈悲の心が無ければ、技術なんてなんの意味もない。
思いさえあれば、きっと技術は後からついてくるものだから、思いを絶対に諦めないで」
あの時の夢はきっと、そんなメッセージだったのかもしれません。

皆んな違っていて良い！

「何千という夢を思い浮かべると、ワクワクして眠れない」
僕の大好きな映画、「グレイテスト・ショーマン」のテーマは「夢」です。

挫折して何度も立ち上がろうと「夢」を諦めないで、常に前を向いて進もうとする姿に、自分の人生を重ねて、思わず「頑張れ、自分！」と叫びたくなります。

古き良きアメリカという自由な国で始まった人権運動。ちょっと自分と違うからと言って、障害者や身体が普通でない人たち、あるいは女性や妊婦さんや社会的に弱者と言われる方々を陰に隠そうとする社会に、真っ向から挑んで戦おうとする。そんな強きを挫き弱きを助ける気質、そして人の心の暖かさを感じさせてくれ、ほっと安心させてくれます。

僕の夢は、世界中の人たちが自分の心に真摯に向き合い、自分や社会の弱さを認めて、みんなが助け合う世界です。社会的に弱い立場に置かれている女性や子ども、障がいを持つ人に関わらず社会のみんなが、こころの中の差別に囚われずに異なっている相手を受け入れて、お互いに認め合って助け合って幸せな社会を作っていく事です。

瞑想を通して自分の弱さや嫌いなところを知って、認めてあげると、嫌いだと思っていた相手や、社会的に弱い立場の人たち、自分自身をもっと好きになれます。

そして「どこにいてもどんな時にでも、幸せを感じられる」ようになれます。自分をもっと深く知って、心を豊かにすると、幸せを感じて、自分を信じられるようになって、諦めずに前に進む事が出来るようになれるのです。

「自分の深いところにある心が、何を感じているのか？」と問いかけていくと、自分の弱さを認められるようになって、もっと自分が好きになれて、「幸せ」を感じられるようになる。

そしてそうなった時に初めて「自分の幸せな気持ちが、周りの人たちを幸せへと導くのだ」と気づき、「自分の中の差別や偏見が無くなって、お互いに助け合える社会へとなっていく」のだと思います。

思えば僕だって10代の頃に重い病気を患い、自分の居場所を見つけられなくて、東京の人混みの中に「何も出来無くて、駄目な自分」を隠そうとした。そんな何も出来なかった自分が「夢」を信じてアメリカに渡って、自分にしか出来ない事を捜そうとしました。

あれから多くの人達の心の暖かさに出逢って、自分一人じゃ生きていけないという事を知って、人との繋がりが大切な宝物だと思えるようになりました。人は互いに助け合って、信じあえなければ生きていけない。そこにはきっと「愛」があって、その目に見えない「愛」

を信じて前に進む時、幸せを感じるのです。
過ぎ去っていく日々の中で、皆がそんな何気無く過ぎ去って行く日々の中で「愛」を感じて、幸せになればと切に思うのです。

夢を信じて、諦めないで今日までこれた事。そして出逢った人達の顔を思い浮かべると、心がワクワクしてやっぱり眠れなくなる。

一期一会。これまでの出逢いに、そしてこれからの出逢いに感謝しないではいられません。

一般社団法人シャスタヒーリング協会
代表理事：　上田サトシ
大阪本部：　〒543-0055　大阪市天王寺区悲田院町8-26-709
東京事務所：〒162-0825　東京都新宿区神楽坂6-8　202
TEL：(06)6773-9116
FAX：(03)6732-3119

生まれて来てくれてありがとう！

七田厚

待ちに待ったわが子の誕生、そしてご対面。今日からあなたも家族の一員だよと、熱烈歓迎した日のことは、一生忘れることのない素敵な思い出として、色あせることなく脳裏に刻まれていることでしょう。

わが家に生まれて来てくれただけで幸せ。そこにあなたがいてくれるだけで幸せ。そういうところから、子育ては始まります。

子供はどんどん進化していきます。歩けなかったのに立って歩けるようになり、お話が出来なかったのにしゃべれるようになり、文字が読めなかったのに読めるようになり、書けるようになり……と、たった数年間で、あっと言う間に人類の進化の過程を達成していきます。

しかしその途上で、親の悩みは始まります。私も3人の子育てをするなかで、ちょっと目を離したすきに誤飲をして大騒ぎに、泣いていきむと脱腸（鼠径《そけい》ヘルニア）になる、腸捻転による激痛で救急搬送、思い起こせば赤ちゃんの時にそれぞれいろんなことがありました。特に、病弱だった末息子は保育園時代、約3分の1を病院で過ごし、親として何とも切ない時代だったことを思い出します。

しかし、そうやってたびたび健康でいられることの有難さ、家族が全員そろうことの有難さを認識させられていたため、家族の心も一丸となり、わがままを言っている場合ではないと、日常的にはあまり子育ての悩みはないほうだったかもしれません。

全国を子育てに関する講演をして回っていると、お父さま、お母さま方から、いろいろな子育てに関するご相談をお受けします。お悩みには何かしらの原因があり、それを解消すれば、そのお悩みもなくなると思うのですが、個別の対応策を考える以前に、ご両親がお子さんのことをどれだけご存じかということを疑問に思うことがあるのです。

世の中でごく一般的に常識と思われている事柄、たとえば「赤ちゃんはまだ小さいから、大人が話すことは何もわかっていない」とか、「幼児には伝わるように幼児語で話しかけないと……」などは本当にそうなのでしょうか。

そういう思い込みが、子育てを難しくしているのではないかと思うのです。子育てを悩み多きものにしてしまうさまざまな思い込みについて、まずは一つひとつみていきましょう。

「赤ちゃんは何もわかっていない！」という思い込み……

0歳、1歳といった、まだ言葉をあまり話すことができない赤ちゃんは、これまで、親の話す言葉を理解していない、何もわかっていないと思われてきましたが、どうやらそうではないようですよ。

確かに、まだ理解していない言葉は多いかもしれませんが、親の表情や語調から、不機嫌なのか、愛情豊かに話しているのかなどは理解できるものです。言葉を理解しているのではなく、インスピレーションで、だいたい何を伝えようとしているかがわかっているようなのです。

多くの大人の方が海外に行ったとき、外国の人がしゃべっている英語がある程度わかるというような状態と似ていると考えていただけたらよいでしょう。言われていることはだいたい想像がつくけど、こちらからはうまく英語で伝えることができないというような状態が、まだ言葉を巧みに操れない時期のお子さんだとお考えください。ですから、たとえ言葉はしゃべれなくても、親の言うことはたいてい理解していると思って接したほうが良さそうです。

たとえば、オムツ替えですが、ちゃんと、「あら〜、オムツが濡れちゃったね。新しいオムツに替えましょうね」などと話しかけながら替えていらっしゃいますか？　もし無言で、作業をするが如く、淡々と替えていらっしゃるのならば、ぜひ、これからは声をかけながらしてあげてください。

たとえ、まだ言葉で自分の思いを伝えることのできない赤ちゃんであっても、何の前触れもなく、突然、無言で下着を脱がされたらびっくりするのではないでしょうか。大人には決してしないことを、わが子には平気でするというのはよくありません。それでは、赤ちゃんの人格を認めていないことになります。

どんなに小さくても、わが子は親の所有物などではなく、親とは別な人格を持った、ひとりの人間であるということを忘れてはいけません。

ですから、むしろ親が話していることは何でもわかっていると思って接してあげるようにすると、お父さん・お母さんが自分のことを理解してくれようとしていることが子供に伝わり、子供の気持ちが安定して、子育てはうまくいきます。

「幼い子には幼児語で話さなければ！」という思い込み……

さて、では幼いお子さんに話しかけるとき、「おめざめでちゅか〜」というような赤ちゃん言葉を使うことはありませんか？ 赤ちゃんの立場に立って、そうやって子供の発声を真似してしゃべっているつもりなのかもしれませんが、それはよくありません。小さなお子さんは、成長途上のため、まだ舌の筋肉が未成熟で、ちゃんと発声しようとしているのに言えてないだけなのです。

「おさかな、食べましょうね」と言えばいいものを、わざわざサ行を夕行に換えて、「おちゃかな、食べまちょうね」と言っていると、子供はますますサ行の発声が難しくなります。

また、「くっくをはきはきしましょうね」などと、あえて幼児語を使うのもいかがなものかと思います。そんな言葉を言う小学生はいません。「くつをはこうね」でいいではありませんか。何歳でも、それで子供にはちゃんと伝わります。2種類の言い方を教えたいのなら、英語を教えた方がまだ良いような気がします。そこをあえて3歳までは幼児語で話しかけ、4歳になったら改めて普通の言い方で教え直しますか？ それでは手間がかかるのではないでしょうか？

わが家は上の子が幼児のときにサ行の発声で苦労したので、下の子には意識して、最初から大人に話すのと同じように話しかけました。そうしたら、小さなころから、しっかりと発声できる子に育ちました。大人と同じように話す3歳児は子供っぽくなくて可愛くないと言われたら、そうだったのかもしれませんが……。「育てたように子は育つ」といいますが、親の接し方次第で、言葉はどうにでも育つもののようです。

「この年齢ではまだ無理だろう！」という思い込み……………

きょうだいで体操や水泳など、幼いころから同じスポーツに取り組み、素晴らしい成果を上げているご家族のお話を時々、見聞きします。そのとき、下のお子さんのほうが、より素晴らしい成果を上げているということがよくありますが、それには何か理由があるのでしょうか？

あると思います。最初のお子さんの時は、たとえば3歳になったからそろそろ始めようと思ってスタートしたとします。その時、下のお子さんはまだ1歳。でも、上のお子さんを練習に連れて行く時に、下のお子さんだけ、家に置いておけないので、練習をさせる目的ではないけれど、いつも一緒に連れて行っているうちに、やりたがるようになったので、上のお子さんよりスタートが早かったということがあるのだと思います。

上のお子さんの時には、「さすがに、まだ～歳だから（無理）……」と思っていたような時期から始めたお子さんのほうが成果を出すのは自然なことです。

だから、何か習い事を始めさせようと思ったら、まずは子供本人にさせてみて、反応を見ればよいのです。本人がやりたがらなければ、その時は時期ではないのです。もちろん、受け入れ側の先生の事情もありますから、まだ早過ぎますと言われてしまえばそれまでですが……。

わが家の場合は、娘にミニチュアピアノを買い与えてみたら、時々楽しそうに弾いていたので、３歳の誕生日を迎えた時、本物のピアノを習わせてみようと思い立ち、兄が習っていた先生の所にお稽古に連れて行き始めました。

でも、その時は時期尚早だったらしく、先生の言うとおりにすることができず、まるでお稽古にならない日が続きました。なので、私は先生に「しばらく休ませてください」と伝えて連れて帰り、しばらく放っておきました。

すると、2か月位経ったころだったか、「どうして近ごろはピアノのお稽古に連れて行ってくれないの？」と娘が不服そうに言うので、「あれ、ピアノやりたかったの？」と聞くと、「そりゃ、やりたいよ〜」と言ったので再開し、結局、その後、中学卒業まで続けました。

だから、早ければいいというものでもないですが、親が勝手に「(この年齢では)まだ無理だろう」と、わが子の能力を低く見ないようにしたいものです。

門前の小僧習わぬ経を読む

「門前の小僧習わぬ経を読む」という言葉があります。修行僧は一生懸命にお経を覚えようとして、なかなか覚えられず苦労しているのに、お寺の近くに住んでいる子供たちは、毎日のようにお寺からお経が聞こえてくるので、いつの間にか、習ってもいないお経を覚えてしまっているというような意味です。

子供のころの記憶力ってすごいです。私も、小学生になった息子と競って、教科書に出ていた詩か何かを暗唱しようとしましたが、全く歯が立ちませんでした。

日本では小学校2年生の時、みなそろってかけ算九九を覚えさせますが、それは理にかなったことです。それ以上、時期が遅れると、かけ算九九を言えない人がきっと多くなります。諸外国の中には、12の段（×12）や19の段（×19）まで教える国もありますが、これらを覚えていたらとても便利です。覚えてしまった計算式は改めて計算する必要がなく、正しい答えがすぐ出てくるので、みな計算の達人になります。

幼児教育をするといい理由の1つは、その時期は人生の中で最も記憶力のいい時期だからですが、もう1つ、「経を読む小僧」のように「何としても、○○までに全部覚えなくては！」というプレッシャーがないから、右脳が働いて、覚えようとしなくても自然に覚えてしまうのです。プレッシャーがかかると、右脳が働かなくなるため、何回も何回も繰り返して、地道に左脳で覚えていかなくてはいけなくなるので、時間がかかるのです。

子供との約束を軽く考えてしまう

時々、「子供が言うことを聞きません。約束を守りません」と言われる方がいらっしゃいますが、もしかしたら、その原因はお母さんにあるかもしれません。

私たちは、大人同士の人間関係の中で、平気でうそをつく人は信用できませんよね。でも、ご自分のお子さんが、「ねぇ、ママ。絵本読んで♪」と言ってきた時に、「いいよ。でも今は忙しいから、後でね」と言ったきり、読んであげていないというようなことはありませんか？

「今度の日曜日、動物園に連れて行ってあげるね」と子供と約束したのに、急な用事が入ってしまい、行けなくなってしまう……。そうやって、子供との約束をたびたび破っているうちに、いつしか子供も親との約束を守らなくなってしまう……そういうことに陥ってはいませんか？

急な用事が入って、子供との約束が守れないことは、実際あると思います。そういうときは、ごめんねだけで済ませずに、代わりの日程を用意し、新たな約束をして、その約束を必ず守るようにすればいいのです。

そうしていれば、楽しみが大きければ大きいほど、ドタキャンにはがっかりしても、普段、約束を守ってもらっている子供は、親の事情を理解し、納得してくれます。その方が子育てはずっと楽なのです。

もし、約束をする相手が、わが子ではなく、上司のお子さんだったとしたら、あなたはどうしますか？ 何としてでも、そのお子さんの機嫌を損なわないよう、最善を尽くすのではないでしょうか？

わが子との約束も同様に、大事に考えてあげてください。お子さんも、自分との約束をいつも守ってくれる親の言うことは守ろうとします。親子関係も人間関係の1つですから、子供も、親にされたように返すのです。

一人ひとりの個性を見ること

「親としての最大の責任とは、子供の言い分を聞くということだ」

これは、優れた臨床心理学者として知られるハイム・G・ギノットの名言です。これには「言葉だけでなくて、言葉の裏に秘められた子供の気持ちを聞き取ること」という意味も含まれています。親が子供の気持ちを感じ取るように努めること、つまり、子供との共感が大切だということなのです。

親がそのように接することができるようになるためには、どんな子供もすばらしい成長力を持っていることを信じ、個性に合わせた心の教育を学ぶことです。

子供はみんな天才です。天才とは、生まれながらに、あらゆる面で素晴らしく伸びる能力を持っているということです。つまり、子供はあらゆる可能性のかたまりというわけです。

成長に応じて、個性が生じてきます。親の役目は、その個性の成長を手助けすることにあります。個性の教育こそ、すべての子供にとって幸せの教育、至福の教育なのです。

ところが、たいていの親は、子供に個性を無視した画一的な教育を押しつけて、心を押しつぶしがちです。親はこのことを常に自戒しなくてはいけません。

どのお母さんも多かれ少なかれ子育てに不安を抱えています。しかしそれは、親の方に子育ての基準があって、それがうまくいかないことに不安を持っているのです。

その不安とは、子供が自分たちの思い通りに育ってくれないこと、よその子と比較して遅れているように見えること。多くはこの2つです。

よその子と比較するのではないのです。わが子をマイナスに見るのをやめて、わが子の無限の能力を信じ、すくすく明るく育つ本性に目を向けてくだされば、その瞬間から子供は変わり始めます。

個性を持ち、自立した子供を育てるには

どうすれば、個性を持ち、自立した子供を育てることができるのでしょう。それには、①コミュニケーション能力、②表現能力の2点を伸ばすことが大切になってきます。

①のコミュニケーション能力は、他人と人間関係が上手に結べ、そして相手を受け入れる能力です。そのためには、接する相手の感情や心理が上手に読み取れなくてはなりません。ところが今、残念なことに、子供たちのこの能力が非常に低下しています。

小さな子供の時期に、豊かな人間関係を築かせるように、親が子育てを考えなくてはいけません。勉強の点数を上げることよりも、友達同士の人間関係を大切にすることを、親が子供に教えなくてはいけないのです。

そのためには、まず何よりも親子間のコミュニケーションを大切にすること。そして、友達同士の人間関係を良くするように親が務めることです。

「やまびこ法」（後述します）で、子供の話をよく聞いて会話し、子供の最初の「社会」

である家庭内で、コミュニケーション能力を育んでいきましょう。

②の表現能力とは、豊かに築いた個性を基に、自分のビジョンを人に伝えられる表現力を育てることです。

小さいころから表現力を育ててあげましょう。テレビゲームやパソコンなどに頼った遊び方ではいけません。本に親しむことが大切です。

本には、テレビなど垂れ流しの情報では得られない大切な情報、真実を伝える情報があります。それらを精選して読むことで、独自のビジョンを築く能力を育てましょう。

また、表現力を育てるには、特に作文力を伸ばすことが大切です。子供たちに作文の書き方を教えると、豊かな人間性を示す作文を書くようになります。

これまでは「人」「物」「金」の時代といわれてきました。これからの社会は、「頭」「知恵」「情報」の時代といわれます。子供の情報収集、加工する能力を育ててやりましょう。

「やまびこ法」で子供の話を聞く

子供の話をよく聞くためには、「やまびこ法」が有効です。

これは、子供の話を聞いたら、それをそのまま受け止め、質問を1つだけ加えるという方法です。


たとえば、子供が母親に「お母さん、今日私、先生に叱られたの」と言ったとします。

こういう場合、つい親は「それはあなたが悪いことをしたからでしょう」などと先取りして答えがちですが、そうではなく、やまびこ法で返すとよいのです。

まず、「そう、先生に叱られたの」とおうむ返しをして、「どうして叱られたの？」というように質問を1つだけくっつけます。

その質問に対し、子供が「私が○○ちゃんをぶったから」と答えたとします。そのとき「それならあなたが悪いんじゃない。叱られて当然よ」などと言ってはいけません。

ここでもやまびこ法で、「そう、あなたが○○ちゃんをぶったのね。どうしてぶったの？」と言いましょう。

こういうふうに話を運んでいけば、子供が自分の気持ちを親に上手に伝えることを学んでいきます。そうすれば親子の対話が成立し、叱らずに子供の気持ちを納得させて、子供の気持ちを収めることができます。

これが、上手に子供の気持ちを聞く技術です。こういう対話を続けていくうちに、お話上手な子供に育っていくのです。

やまびこ法でわが子と話してみると、口数が少ないと思っていた子供が、よく話すようになって、子供の気持ちがどんどんわかるようになり、親子間の意思疎通がスムーズになります。

子供の好きなことを探す

お子さんの好きなものは何かご存じですか？　また、お子さんは何をすることが好きでしょうか？

そのことを、そのお子さんの子育てのメインテーマにしてあげるとよいのです。音楽の好きなお子さんなら、幼いころから音楽に親しませ、ピアノやバイオリンなど、いろんな楽器を弾けるようにしてあげるとよいでしょう。絵を描くことが好きなお子さんなら、幼いころから、本物と言われる絵をたくさん見せ、描いた絵をほめてやり、タイトルをつけて飾り、記念撮影するなどして、創作意欲を育ててあげましょう。

ここで考えていただきたいことが、「知らないものを好きになることはない」ということです。知っているもの、やったことがあるものの中から、好きなことが見つかるのです。もしかしたら、お子さんはまだ好きなことに出合っていないかもしれません。

お子さんの世界は狭いものです。自ら動き回れる範囲は知れています。だから、子供の世界を広げ、いろいろなことを経験させるとよいのです。すると、好きなこと・夢中になれるものと早く出合える可能性が高まります。

非日常的ないろいろな場所に連れて行ってあげましょう。「館」が付くところ……水族館、映画館、博物館、図書館、美術館、また、動物園・植物園、球場・サッカー場・飛行場、飛行機・新幹線・遊覧船などの乗り物、ファミリーコンサートなどなど。そういうものの中に、わが子の大好きが見つかるかもしれません。

そうは言っても、近ごろは共働きのお家も増えているので、「そんなに度々は子供を旅行に連れて行く時間がないなぁ……」「出かけるたびにお金がかかるからなぁ……」という声が聞こえてきそうです。

そんななか、子供のためを思って、せっかく休みを取って家族旅行に出かけたのに、肝心の子供があまり喜ばなかったという結果ではあまりにも辛すぎるので、ハズレのない楽しい旅にするために、一つご提案があります。


それは、あらかじめ、絵本・図鑑で子供の興味があるかないかを調べておくことです。例えば、星座の絵本を食い入るようにお子さんが見ていたとしたら、「じゃあさ、今度、プラネタリウムっていう、昼間でも星が見られるところに行ってみる？」などというふうにすればよいのです。

動物園に連れて行くときも、あらかじめ図鑑を見せ、動物園にはいろいろな動物がいることを教えてやり、名前や特徴などをよく調べてから連れて行くと、子供の喜び方が違います。「あ！これ、ワオキツネザルっていうんだよね。エサもあげられるの？ わぁ、ぼく、エサあげたい！」「うわぁ、ホワイトタイガーだ！ 本当に白いんだね〜。あっ、あそこに子供のホワイトタイガーもいるよ！」などと大はしゃぎしてくれること間違いなしです。

そして、たとえ双子であっても、きょうだいは、好きなこと、興味のあることはまず違うということを知っておいてください。

わが家でも、長男がウルトラマンやポケモン好きだったので、二男もきっと好きだろうと思ったら、全くそうではなくて拍子抜けしたことがあります。きょうだいも一人ひとり個性が違いますので、それを見極め、知っておくと、子供を喜ばせ、子供の力を伸ばしてやることが容易になります。特に小さい時ほど、子供をよく観察するように心がけましょう。

子供に聞かせたくないNGワード

「おたくの〇〇ちゃん、すごいですね！　もうそんなことができるんですね」と言われたとき、あなたならなんと返事をするでしょうか。

日本には謙遜の文化がありますから、「うちの子なんて大したことないですよ〜」と言われる方もいらっしゃると思います。それを、今日から是非ともやめていただきたいのです。

それを当の本人（お子さん）が聞いたらどう思うでしょう？
「そうなんだ、ぼく（わたし）は大したことないって、お母さんが言ってる……」
これではいけません。何も自分の子を下げる必要はないのです。

そうではなく、わが子をほめてもらったときは、「そうですか～。ありがとうございます」と有難く受け取り、そして、「うちの子もよく頑張っていますけど、お宅の△△ちゃんも素敵な絵を描かれるじゃないですか～！」などと、お互いの子供をほめ合えばよいのです。

今、日本人の中高生の自己肯定感が低いことが大きな問題になっています。「自分は価値のある人間だと思いますか？」という問いに、日本人のお子さんは3分の1程度しか「はい」と答えていないというデータがあります。韓国・中国・アメリカの中高生は4分の3以上が「はい」と答えているのに、です。

それから、子供の残念な姿を見かけたとき、「そんなことばかりしていたら、ろくな大人にならないよ」とか、「そんなことしていたら、いつかきっと大失敗するよ！」などと、呪いの言葉をかけないでいただきたいのです。子供にとって、親の言葉の威力は絶大です。

お子さんに対して、そういったマイナスイメージの言葉を、親が本気で願っているはずがありません。そうなってほしくないという切なる願いが、そういう言葉となって表れているのでしょう。でも、それは良くない習慣です。

「三振だけはするなよ！」と言われてバッターボックスに入ると、自分が三振している姿をイメージしてしまうものなので、三振にフォーカスしてはダメなのです。そうではなく、「ポテンヒットでもいいから、確実に当てていこう！」と言われると、バットにボールが当たっている姿をイメージします。

だから、そうなってほしくない姿をイメージさせるのではなく、うまくいった姿をイメージさせるように、言葉を選んで伝えましょう。

子供に聞かせたい、子供の心に残る言葉

親が日々、子供にどのような言葉をかけているかで、子供の様子は大きく変わります。ダメ出しばかり聞かされている子供の自己肯定感は、決して高くはないのです。「僕なんか……」「私なんて……」、もしそんな言葉が子供の口から出てきたら要注意です。

ダメなものはダメと、厳しくしつけをすることも親の大事な務めですが、ダメなことだけでなく、いいところも取り上げて、ほめてあげていますか？　そうでなければ、子供の自尊心は育ちません。

うちの子はほめるところがないんです、などと言わないでくださいね。些細なことをほめてやるとよいのです。「今日は起こさなかったのに、朝早く起きられたね！」「大きな声であいさつできたね。」……。万が一、いくら考えてもほめ言葉が見つからないという方は、お子さんに用事を頼んだり、お手伝いを頼んだりしましょう。

「玄関の靴をきれいにそろえてくれる？」「郵便受けに手紙が届いていないか、見に行ってくれない？」「洗濯物を干すの手伝って！」のようにです。そして、やってくれたら、「ありがとう！」「あなたが〇〇してくれて、お母さん助かったわ！」と言ってやるのです。

子供は、親からほめられると自己肯定感がアップします。親が喜んでくれるのなら、またお手伝いしたいという前向きな気持ちが芽生えるのです。

日頃の言葉がけの方向性も大事ですが、もう1つ。親から子へ、いつまでもわが子の心に残る応援メッセージを伝えてあげてください。

「あなたは普段はちょっと頼りないところもあるけれど、本番には強い子だから、いざっていう時は必ずうまくいくよ！」などと、今感じていることを伝えたり、「あなたは将来、きっと人の役に立つ素晴らしい人になるよ」とか、「〇〇は、リーダーシップを発揮して大きな仕事をするようになるよ」など、将来、子供になってほしい姿を描いて伝えてあげるのもよいでしょう。

誕生日とか、卒業式とか、そういう記念日に真顔で伝えてあげると、お子さんの心にしっかり届くのではないでしょうか。

その言葉は、親が亡くなった後でも、わが子を勇気づける言葉になります。「お母さんが僕のことをいつもそう言ってくれていた」「お父さんが昔、ぼくのことをそう言ってくれたことがある」……、親からの応援メッセージは、いつまでも、子供の心に火をつけ続けるのです。

子供を最大限に伸ばす方法

子供の力を最大限に伸ばすにはどうすればいいのでしょう。

それには、明確な目標を立てて、その実現のために情熱を燃やすことを教えることです。

それぞれがそれぞれの分野で、できるだけ多くの人の役に立ちたいという目標を持たせるとよいのです。

大切なのは、人と人のつながりを育て、人の役に立つ生き方を、日常生活の中で親がしっかり教えることです。何よりも、「才能より徳を育てることが大切である」ということを、親が子に教えなくてはなりません。

自分の得意な分野で、できるだけ多くの人の役に立ちたい。そういう気持ちを子供の心の中に育て、「ぼくのオンリーワンの力」「私のオンリーワンの力」を育てるようにすればよいのです。すると、それぞれの子供が自分の個性に合った夢、目標を持ち、人生を有意義に過ごしていくことができます。

ところが現実には、夢を持たない、人に尽くす気持ちを持たない、そんな若者が非常に多く育っています。

少々古いデータですが、総務庁が行った世界青年意識調査（1989年1月15日付読売新聞）の中に、「自国のために役立つと思うようなことをしたいか」という項目がありました。「役立つことをしたい」と答えた1位はシンガポールで、89・2%、2位は韓国、

3位が中国、4位アメリカと続き、日本は41・0％で、なんと11か国中10位でした。

記事では、日本は社会的関心に乏しく、無気力の若者が多いと厳しく評されていました。この傾向は、現在でもあまり変わらないようです。なぜこうなってしまったのでしょう。

これは、現代社会の学校教育が知性中心の教育に偏っていて、人のことを思いやる感性が欠如しているからです。家庭で子供たちの夢や、人に奉仕する心を育てず、学校教育、家庭教育の中に、感性教育が欠如しているからなのです。子供に人生の大道を歩かせるには、自分の人生に対する夢、目標を持った子供に育てることが大切です。

世界には2つの教育の流れがある

今、世界には、2つの教育の流れがあります。1つは日本で行われているIQ重視の知識を詰め込む教育です。その一方で、知識を詰め込み覚えたかどうかテストする従来の方法をやめて、学習法を教え、自分で学ぶ力を育てる教育をしている国があります。それはフィンランドです。

近年の国際学力テストの上位にはフィンランドが入っています。フィンランドは、学校教育の教科の中に選択科目が多く、学校にいるときから子供たちに将来生きていくうえでの智慧となるような、将来の職業に役立つ勉強を教えています。逆に、日本をはじめとする知識重視の国では学力低下が見られます。

1990年代後半から、世界各国の教育目標が変わってきています。

これまでの教育目標では、知識の獲得に力を入れ過ぎて、生徒たちの創造性、批判的思考力といった。他の重要な面を犠牲にしているのではないかと反省がなされました。そして、「新しい知識を生み出し、知識に基づいて熟考し、比較し、判断し、仮定する能力を生み出すこと」に重点が置かれる授業内容になってきたのです。つまり、自分の頭で考え、判断して答えを生み出していくという学習法です。それが、フィンランドで取り入れられている教育目標です。

日本でも2020年に指導要領が変わって、そういう方向に進んでいくので、これからの子供たちはきっと世界水準に追い付いて行くことでしょう。

2000年からの国際学力テストで上位に入っているフィンランドで取り入れられた教育は、①発想力、②論理力、③表現力、④批判的思考力、⑤コミュニケーション力の5つです。日本人は知識の獲得では決して負けてはいませんが、この5つの面では劣っています。

つまり、これまでの日本の教育では、子供の個性を育てること、考える力、発想する力、論理的に表現する力、批判に耐える思考力、コミュニケーション力といった能力を育てることにはなっていなかったのです。

子供の個性や人間性は顧みられず、協調性を大事にするあまり、個性を殺し周囲と同じ考えを持つことばかりに努めた結果、自己主張ができず、マニュアルがないと何もできない人間が育ってしまいました。

しかし今の時代は、人と同様に会社に入ることができたとしても、一生安泰ではありません。今後は、会社依存から自立する時代、「個」の確立の時代になっていくのです。

これからは自分に自信を持ち、自分の頭で考えられ、自己主張のできる人、実力を持ったスペシャリストを育てることが大切です。そのためには、子供のうちから個性を伸ばし、「個」が確立できるように育てることです。

子育てのゴールって？

ところで、子育てのゴールって、いったいいつなのでしょう。成人式をする20歳でしょうか、それとも、就職して社会人になった時でしょうか？ 私は、子育てのゴールはわが子が「自立する」ということなのかなと思っています。

では自立とは？　自分で立つ、1人で立つ、つまり、「親に言われたり、助けたりしてもらわなくても、自分のことが自分でできる」ということ。挨拶や洗面、歯磨き、トイレ、風呂、炊事、洗濯などが自分でできる。そういった、生活習慣的な自立ということがあります。これらがみなできれば、一人暮らしもできるでしょう。

わが家には、「中学校を卒業したら、親元を離れ、県外の高校で寮生活をさせる」というルールがあり、私も高校生の時、寮生活を経験しました。

ただ、それだけでは本当の意味で自立しているとは言えません。「自分がやりたいことを自分で見つけ、それを一つひとつ実現していく」という主体性を是非とも身に付けさせたいですよね。

私も、最初の子育ての時は肩に力が入っていて、子供の学力を高めてやりたいとばかりに、息子に毎日、父からの宿題を出していました。低学年の時はそれをやっていましたが、4年生くらいからはやってない日が多くなってきました。

「どうしてやらないの？」と息子をしかりながら、「私はいったいいつまで、この子の尻をたたき続けるのだろう？」と自問自答しました。そんなことをしていても、あと数年経って中学校を卒業したら、この子は私の元から巣立って行くというのに……、と。

そのとき、「親にやりなさいと言われたら、しぶしぶやる」という子を育てても意味がないんじゃないかと気づいたのです。そんな状態、自立からはほど遠いです。誰に言われなくても、自分で「やらなきゃ！」とやる気を出す子に育てなくては、親は子を安心して手放すことはできません。

子供にやる気を出させるには

では、やる気を見せてくれない子供は、どうすればやる気になってくれるのでしょう。

小学生の子供には、「大きくなったら、何になりたい？」と聞いてみましょう。

「まだ決まっていない」という子には、様々な偉人の伝記を読んでやったり、読ませたりしてみましょう。書店に行くと、読みやすいマンガタイプの伝記シリーズなどいろいろ出ています。

その中で、偉人といわれる人の生き方に感動し、あこがれ、「自分も○○みたいな人になりたい！」という気持ちが湧き上がることがあります。

でも、どうすれば、その偉人みたいになれるかという具体的な方法論、何を頑張ればよいのかということは、経験の少ない子供にはわからないことが多いので、そこを経験豊かな大人が導いてやるとよいのです。
「パイロットになりたいのなら、英語ができないと困るから、今のうちから英語を頑張ろうか！」と話して納得すれば、子供の英語学習へのモチベーションはグンと上がります。

漠然と、「すべての教科を頑張りなさい」と言うのではなく、誰に強制されたわけではなく、自分がやろうと思ったことの実現のためになら、頑張れるのです。
父は私が中学生のころだったか、「これだけは誰にも負けないという科目を作りなさい」とアドバイスをくれました。私にはそれがあったので、成績の悪い科目があっても、「僕なんて……」と自己卑下することはありませんでした。

もし、学校の教科の中に子供が自らやりたいというものが見つからないときには、駅名を変えることでも、オセロでも、何でもいいので、子供が興味を持っていることについて、とにかく極められるよう、協力してあげましょう。まずはそのことで、「やる気になってやったら、できた！」という実績を作って、自分に自信をつけさせましょう。

誰かに強制されてするのではなく、「何をやりたいか、自分で決める」というところがポイントです。

また、たとえば、「120ページもある問題集をするのは大変。僕には無理」と最初から気後れしている子には、「1日2ページずつ頑張ってごらんよ。日曜日はお休みにするとしたら、1週間に12ページずつ進むから、10週間つまり2か月半で、1冊やり終えることができるよ！」というふうに。

子供にはそういうふうに、「計画的に、こうすればこうなるよ」と先を見せてやると、「それぐらいでできるなら、頑張る！」とやる気を見せることがあります。

子育てはあっと言う間！

私が子育て真っ最中の時、人生の先輩方から、「子育てしている最中は大変だって思っていたけど、子育てはあっと言う間だよ〜」とよく言われたものです。

私には子供が3人おり、トータルでは、保育園に10年通い、小学校に14年通い、中学校には8年通いました。そして、保育園の時は園の保護者会会長を2年、小学校の時には子供たちが所属していたドッジボールチームの保護者会長を4年務めました。運動会、学習発表会などなど、ことあるごとに三脚を持ち込んでビデオ撮影をし、写真もたくさん撮りました。

うちの子たちは、結局3人共、地元の中学校を卒業した後はヨーロッパの高校に留学し、寮生活をさせたのですが、入学式や卒業式はもちろんのこと、そうでない時にも、子供たちの様子を見に行くと称して、ヨーロッパに何回も出かけました。

でも、時が流れて、今は上の子は社会人になり、残る2人が大学を卒業すれば……というところまで来たのですが、過ぎてしまえば、ほんとにあっと言う間に、子育てが終わってしまったなぁと思うのです。

子育ては思い出づくり

振り返ると、幼児・小学生の時がいちばん子育てが楽しかったと思います。あの時代は子供の成長・発達が目覚ましいですし、何より、子供たちと一緒に過ごすことが私には楽しかったのです。中高生になると、親が子供と一緒に何かする時間って、極端に少なくなるんですよね。

私が子供たちと一緒に過ごした思い出と言えば、まず、「読み聞かせ」の時間です。いちばん上の子だけは小学生になってからはほとんど本を読んでやらなかったのですが、下の子たちには1歳から10歳まで、私が家にいる時は毎晩寝る前に3冊ずつ、絵本を読むのが習慣でした。小学生になったら、児童書を何日かかけて読み進めたものです。

幼児の頃には、家族旅行であちこち遠出もしましたが、小学生になると、子供たちがみなやっていた部活動（ドッジボール）が中心の生活になりました。

そして、3人の子供がそれぞれ小学校を卒業する年には、子供たちが教わっていたピアノの先生に勧められて、卒業の記念に親子で連弾をしたこともいい思い出です。6年生の娘と父親が1つの目標に向かって一緒に頑張るということはなかなかないと思うので、素敵な思い出になりました。

もう1つ、漢検の親子受験もいい思い出になりました！　娘が中1の時に、親子で受験して合格すると、普通の合格証書の他に家族の名前と合格級を書いた「家族合格表彰状」

がもらえることを知って、受けてみようということになったのです。

娘は漢検4級、小5の弟は5級、そして私は、以前からチャレンジしようと思いながら踏み切れずにいた2級を受験することになりました。

試験の1週間前くらいから、3人それぞれが追い込みの勉強をしたのですが、「お父さん、頑張ってね」と5年生の息子にエールを送られたりして、普段とはかなり違う雰囲気の中、「もし、私だけが不合格だったら、子供たちに一生言われる。それは困る！」と思い、自分の勉強だけで手一杯で、子供を見てやる余裕など全くありませんでしたが、結果は全員合格ということで、ほんとにホッとしました。

振り返ってみますと、子供たちと一緒に、同じ目線で、本気で頑張った経験が、いい思い出になったのだと思います。

思い出のアルバムを作りましょう

まだ学校行事のない、幼い幼児の頃こそ、いろんなところに家族で出かけて、親の方はいい思い出になっていると思うのですが、残念なことに、子供たちはその楽しかった思い出をどんどん忘れてしまいます。

うちの長男が小学校3年の時だったか、下の子たちも上の子と同じ保育園に通っていたので、夏の夕涼み会に卒園児の息子を連れて行ったら、彼が4歳の頃にとっても好きだった保育士さんの姿が見えたので、彼を先生のところに連れて行き、「ほら、年少の時にお世話になった○○先生だよ。覚えてる？」って聞いたら、息子は「覚えてない……」と。その保育士さんは「私たちはそういう仕事なんで……」と、苦笑いしながら残念そうに言われていましたが……。

それでもまだ、彼の頃は、ホームビデオでいろいろ撮ったり、写真もいっぱいあったので、それを見ることで、「あぁ、子供の頃はこんなふうだったんだ」と、自分が愛されていた歴史を知ることができたのですが、最近はちょっと事情が違います。

近ごろの家族の思い出のアルバムは、スマホの中に閉じ込められているのではありませんか？　2010年代にスマートフォンが普及を始めた影響で、それ以降写真をプリントすることがかなり減ってしまったのではないでしょうか。そのため、スマホ時代に生まれた子供たちの写真はあまりないはずです。特に家族写真が……。そうすると、どうなるのでしょう？

昔なら、子供が家族の写真集を引っ張り出してきて、忘却の彼方にあった2〜3歳、あるいは4〜5歳のころの写真を見るわけですよ。そして、しみじみ自分はこんなに愛されていたんだ、大切にされていたんだということに気付くわけです。

それはとっても大事なことなのです。親が何も働きかけなくても、記憶の薄れた幼い頃の写真を見れば、わが子の自己重要感は高まるのです。

ところが今はどうでしょう？　その写真を子供が自由に引っ張り出して見ることはできません。ご両親のスマホの中にある写真を子供が自由に見ることはできないでしょう。何年も経てば、機種変更していて、その写真を探し出すことも不可能かもしれません。

だからこそ、家族旅行に行って、スマホでいっぱい写真を撮ったなら、帰ってきてから、ホームセンターやショッピングセンターなどに出かけ、そこに置いてあるプリント装置で気に入った写真をプリントし、ミニアルバムを作ることをお勧めします。

そして、「何歳の時にどこどこへ行った」とか、「大好きなプリンを食べてご満悦な○○（お子さんの名前）」などとコメントを入れておくと楽しいです。

それでも、1人目は一生懸命

この20数年、自分自身の子育てを振り返ってみますと、初めての子育ての時には、「もっとこうしてやればよかった」という後悔がいくつもあります。

たとえば、「字が読めるようになったから、もういいか」と思ってやめてしまった毎晩の読み聞かせ。やり直せるなら、絵で楽しむ絵本ではなく、ストーリーで楽しめる児童書の楽しさがわかるころまで、読み聞かせをやめるべきではなかったと思っています。

ほかにも、あんな失敗・こんな失敗をしてしまいましたが、子育ての初心者だったわけですから仕方ないですよね。

これが、2人目・3人目と、子育てに慣れてくると、大事なところと多少手を抜いても大丈夫なところが次第にわかってくるので、精神的にゆとりが出てきて、効率も良くなります。「こうしてやればよかった」という後悔も少なくなってきます。

じゃあ、1人目って損だなぁと思われますか？ きょうだいがたくさんいたら、そんなことを考えてしまうかもしれませんが、今はひとりっ子さんも増えていますからね。誰しも初めて子育てをするときは、親としてまだ半人前で、迷いや失敗が多く、2人目以降になると、親としてのキャリアを積んで、だんだん上手に子育てができるようになるものです。

それでも、親がいちばん一生懸命に子育てしたのは、1人目のお子さんの時だったと思うのです。

写真やビデオを撮るのも1人目がいちばん多く、下の子になるほど減っていくといいますし、1人目のお子さんは親からの愛情をたっぷり受け取った分、まわりの人にもやさしいお子さんに育っているのではないでしょうか。

だから親は、「あなたには、最高（最良）の子育てはできなかったかもしれないけれど、その時のお母さんのベスト（最善）を尽くして頑張ったんだよ！」と胸を張って言えれば、それでいいじゃないですか。「あなたにはこれをしてやれなくてごめんね」などと、申し訳なく思う必要はないと思います。だって、できたのならやっていたはずだし、知っていればやっていたはずですから。

実際問題、家計がひっ迫している時や、一緒に住んでいる家族の誰かが病気で入院したりしている時には、その日その日を生きていくことに精一杯で、子供の相手をしてあげる時間が十分に取れなかったり、ましてやどこかに遊びに連れて行ってやる余裕などありませんから……。

この本の先生方との繋がり

私の章の最後に、この本を一緒に書いてくださった先生方との繋がり、ご縁について記しておきます。

最初の章を書かれた池川明先生とは、父の代からのご縁がありました。２００７年10月に都内で「第1回胎教博」が行われ、トップバッターで、父・七田眞が話をしており、その後、池川明先生が登壇され、お話をされています。

私自身が池川先生に初めてお会いしたのは、２００９年に父が亡くなった次の年だったと思うのですが、現在では、その胎教博をはじめ、いろいろなところでご一緒する機会が大変多く、親しくさせていただいております。

弦本將裕先生とは２０１３年1月に恵比寿で、当社発行の子育て情報誌〔夢そだて〕の誌上対談をさせていただいた時、初めてお会いしました。弦本先生も父と面識があったそうです。

その後、先生が主催されている個性心理學の講習会に特別講師としてお招きいただくなど、親しくお付き合いさせていただいており、２０１４年には、弦本先生原作の『杉の木の両親と松の木の子ども』のお話を、私が代表を務めるしちだ・教育研究所で絵本にさせていただきました。

白石まるみさんは、弦本先生のお引き合わせで、２０１３年に浜松町で初めてお会いさせていただいてから、同い年ということもあり、親しくさせていただいております。鹿児島で2人のコラボ講演をさせていただいたこともありますし、弦本先生の『杉の木の両親と松の木の子ども』の付属ＤＶＤでは、白石さんに語りを務めていただきました。

上田サトシ先生と最初にお会いしたのは２０１４年、池川先生の還暦パーティーの時でした。次の年、２０１５年5月に池袋で行った「七田であそぼう～２０１５子育て応援フェア～」というイベントでは、池川先生と共にご講演いただいています。その後、飯田橋で初めて2人でお会いして、いろいろとお話をさせていただきました。

その翌年、上田先生が主宰されているシャスタヒーリング協会の理事の川口さんからお誘いがあり、２０１６年の暮れに、池川先生と上田先生と私、そして公立中学校の校長先生でいらっしゃる中野敏治先生の4人で、「ｉ－ｃｏｍｉ（あいこみ／愛・子ども・未来）プロジェクト」の活動が始まりました。

そんなふうにして、皆さんとそれぞれご縁を育んできたのですが、実は、昨年と今年の2回、それぞれとても忙しいこの本の執筆者5名のスケジュールが奇跡的にぴったりと合い、前述の川口さんも含めた6名で小旅行を楽しんだのですが、その際、「このメンバーで何か一緒にやりたいね」という話が出ました。

そして今年の8月末、弦本先生と浜松町でお会いして、ふたりで杯を酌み交わしている時に、この5人のメンバーでの共著企画の話になり、後日、牧野出版さんからその本を出してもらえることになり、9月末までに1人30～40ページずつ原稿を書きましょう！ということになったのです。

そうすれば、11月に東武動物公園で行う5人のイベントに本の出版が間に合うからということで、企画から出版まで2か月ちょっとという、あり得ないスピードでこの本が誕生したのです！

素晴らしい邂逅《かいこう》と子育てのおはなし

白石まるみ

自己紹介

ちょっぴりオトナ！　白石まるみです。「充分大人だろっ！」っていう声が聴こえてきそうですが、スルーします（笑）だって、ず〜っと天真爛漫な子どものような心を忘れたくないと思っているの。見た目はオトナだけど、心は汚れず、飾らず、自然で明るく、いつまでも無邪気な自分でいたいんだもん♡

まずは私を知らない人のために簡単な自己紹介をいたします。私が子どもの頃はテレビ全盛期。特にTBSテレビ水曜夜9時から放送の「水曜劇場」というホームドラマ枠が老若男女問わず大人気でした。私が1番好きだったのは、年配の方なら覚えてると思いますが〜堺正章さんが主役で、堺さんが憧れるマドンナ役として天地真理さんが出演して一躍人気を博した、銭湯が舞台の斬新なドラマ「時間ですよ」。天地さんは「隣のマリちゃん」のあだ名で親しまれ、曲が次々にヒット！　あとに続くアイドルの走りとなりました。真理さんは私が一番初めに好きになった芸能人でもあり、ファンレターも書いた事があります。この作品は第3シリーズで浅田美代子さんがお手伝いさん役で芸能界デビューしてますが、浅田さんもとてもチャーミングで、劇中歌の「赤い風船」で歌手デビューも果たし、第15回レコード大賞新人賞を受賞され、こちらもすぐに人気アイドルとなりました。浅田さんはその後、樹木希林さんと共に西城秀樹さんが主役の「寺内貫太郎一家」にも出演。息の合った2人の掛け合いが最高で、おばあちゃん役に扮する希林さんが沢田研二さんのポスターに向かって腰をくねくねさせながら発する「ジュリ〜〜〜！」は、真似する人続出（笑）。その後、郷ひろみさん主役の「ムー」では岸本加代子さんがデビューされました。新人発掘が上手く、テレビドラマ黄金期を支えた伝説の天才プロデューサーの久世光彦さんが演出する作品は名作ばかり。お茶の間に大変人気なホームドラマが続々と放送され、私も家族そろって毎週楽しみに見ていました。

そして中学3年生の冬休み前、「ムー」が「ムー一族」になってお茶の間に帰ってくる！ということで、そのドラマの主役である郷ひろみさんの恋人役の募集がありました。対象は15〜23歳まで。朝、学校に行くと郷ひろみファンの女子は大騒ぎでした。新人発掘で有名な人気番組で、芸能界デビューが出来るかもしれないからです。私はそんなに興味はなかったのですが、当時の私は懸賞マニアで、ハガキを出すとやたら抽選に当たっていました。だから、どーせ新人オーディションは落ちるだろうけど「郷ひろみグッズ」を抽選で当てて、大の郷ひろみファンの親友にひろみグッズをプレゼントしてあげようと思って、試しにこっそり応募してみたのでした。

結果はというと、一般公募4万人の中から、1次審査の書類審査（写真選考）が何故か通り、なんと！　最終選考30人の中に選ばれて、忘れかけてた翌年の2月頃にTBSから電話がありビックリ！　生まれて初めて母に「あんたすごいじゃない！」と褒められました。……そのあと、郷ひろみさんと樹木希林さんに挟まれ芝居の本読みをする2次審査、歌を唄う3次審査、番組の舞台となる足袋のうさぎ屋さんの俳優さんたち全員と面談する四次審査を終え、奇蹟的に次点（惜しくも2位）ということで、合格!!　同番組の居酒屋ひろみの看板娘「まるみ」の役で、ドラマデビューすることが決定しました。無欲の勝利ってやつですかねぇ。友達が喜ぶだろうってことを考えてのグッズ狙いだったのに、なんと本選に受かってしまって、もっと大きなものに当たってしまった訳です。人生って何が起きるかわからないですよねぇ。だから面白いんですけど〜。天地真理さんも次点でデビューしたそうで、面接のときに希林さんに「あなた、なんとなく天地真理ちゃんのデビュー当時に似てるわね。美人じゃないところがいいわよ」と言われ、みんなに笑顔で「そうだね」って言われたんですけど、まさかの合格にキョトンでした。

最終オーディションの翌日は、１９７８年4月10日で、都立高校の入学式でしたが、一夜明けたら突然芸能人になってしまった私は、朝から全国紙に掲載され、そこに当日入学する高校名も書いてあったことから、学校中の生徒が私を見に集まってきました。教室に訪れたり、校庭で指を刺されてヒソヒソと噂されたり……突然、大衆の好奇の目にさらされることになり、本当に戸惑いましたし、恥ずかしくてとても嫌でした。そんな騒ぎの中、すぐに芸能の仕事が始まり、早速入学式を早退。急いでテレビ局へ移動して、人気のあったお昼のワイドショー「3時に会いましょう」に樹木希林さんと共に生出演を果たしました。あの日から細く長く40年の月日が流れ今日に至ります。（これを書いてる途中で希林さんの訃報を知りました。心からご冥福をお祈り申しあげます）

合格直後の記者会見の時、写真撮りのカメラを前に「はい、笑って！」と言われたけど上手く笑えず、逆に笑おうとすればするほど顔が引きつってしまい、かえって変顔になってしまう私は、泣きそうになりました。思い切ってディレクターに「面白くもないのに上手く笑えません」と相談すると「今日は初めてだからしょうがないよ。でもね、明日から、あなたはプロになるんだよ。笑えなかったら、鏡を見て自然に笑えるように何度も笑顔の練習しなさい。あなたは、昨日まではテレビを見てる一般の人だったからいいけど、今日からテレビのこちら側、見られる側になるんだよ。それから、今後はどんなに有名な芸能人を見ても騒がないこと。ミーハーな気持ちは持たないこと。自分も同じ舞台に立ってる芸能人としてプライドを持つこと。大丈夫！　まずは3日間、ひたすら笑う努力しなさい。3週間くらいで段々慣れてくるよ。3ヵ月楽しく仕事できたら3年間は頑張れる。なんでも3という数字が大事なんだよ。」と教えてもらいました。

この後の章で弦本先生がお話する個性心理学でいうと私は、「⑥愛情あふれる虎」。ＥＡＲＴＨというしっかり者チームで、数字で言われると妙に納得してしまうキャラ。それなら、まずは3年間必死に頑張ってみようと、何があっても笑顔で過ごしました。そして気がつけば、今年、２０１８年11月27日で56歳になるじゃ、あ〜りませんかっ！（笑）なんだか嘘みたい。長かったような、あっという間だったような……。不思議な気分です。

なんでも1つの事をやり続けるのは、とても大変です。長い人生においては浮き沈みもあり、気持ちも不安定になるときがありますし、くじけない心を保ち続ける精神は中々大変です。でも、だからこそ長くひとつの事をやり続けている人たちを見てると感動するし、尊敬します。今回、仲良し5人組の集大成の本が出版されることになりましたが、共著を書いている作家の先生方もみんな、1つの事を研究し、やり続けている人ばかりです。だから信頼できるし、一緒にいてめっちゃ楽しくウキウキ・ワクワクします。私たちは、グループ名を【白壁派】と名付け、年に1回、温泉旅行に行っていますが、そこで、仕事の話、私生活の話、いろんな話をしていつも大笑いしてます。きっと、みんなそれぞれ違う分野の仕事をしてるので、それぞれが知らないことを聴けて興味津々、話がつきないんでしょうね。

今回の共著の企画も温泉旅行で沸いた話です。体内記憶を研究されてる池川先生の話は、まるでメルヘンのように楽しい。実は私は自分の記憶が0歳児からありますが、私の娘は、もっと前の自分がお腹の中にいた頃の記憶があります。もしかしたら、今となってはもう彼女は忘れてしまったかも知れないけど、娘が小さい頃に「ママのおなかの中はどんな感じだった？」と聞いたら、娘は「真っ暗だった」と答えました。真っ暗？　池川先生の出した本の中に「真っ暗だったと答える子のお母さんは、ストレスを抱えてる人が多い」と書かれていました。その通り、私は娘を妊娠中、とてつもないストレスに襲われていました。ドラマの撮影も忙しく、周りに気を遣わせないように妊娠していることを隠して仕事をし、妊娠5か月の時に結婚式を挙げましたが、その時もお腹があまり目立たなかったので妊娠を隠し記者会見。7ヶ月まで周りに内緒でドラマの撮影を続けていました。ラジオに至っては9か月まで毎日TBSに通い、月～金で3時間の生放送をこなしてました。産休をとって生後3ヶ月目からまた仕事に復帰したんですが、私、芸能人で初めて産休をとったタレントとして新聞に載ったこともあるんですよ。（笑）　とにかくお仕事が大好きで楽しかったということもあるけど、実は家に帰ると、人には言えない様々な悩みがあり、精神的にほとほと疲れていました。今更、当時の事を振り返りたくないけど、私の仕事はどんなに嫌なことがあっても不幸に見舞われても、外に出たらニッコリ笑ってなきゃいけない職業です。例え親が亡くなったとしてもです。父の時がそうでした。最愛の父を亡くしたのに翌日笑いながら食レポの仕事をしてる私がいます。芸能人って楽しそうだけど、結構、精神的にきつい職業でもあります。いろんなストレスがへその緒を通じて娘に伝わっていたのかと思うと申し訳ない気持ちになります。でも池川先生曰く、全部自分でプログラムを決めてこの世に生まれてくるようですから、文句も言えません。生命の神秘の話を聴くたびに、私達は宇宙と繋がっているんだなぁって、不思議な気持ちになります。娘が将来出産する時は絶対池川先生に頼もうと思っていたのに、今は講演活動が忙しく出産はやってないとのこと。残念だなぁ。

そして50歳を目前にこのまま芸能界の仕事だけじゃなくて、もっといろんな経験や勉強がしたいと考えるようになりました。子どもの頃の夢だった美容師の免許をとろうか？と、思ったけど、今から美容師になってもなぁ……と考え、もう少し簡単な美容系ってことで、ネイルスクールやアイラッシュスクールに通ったり、チャクラの気を整えるインド式ヘッドセラピーの国際認定資格をとったり、いろいろしてるうち、私は癒しについて学ぶのが好きだったんだと内なる自分を発見。そして49歳の時、知り合いのアートサロンで弦本先生と突然出逢い、カラダの癒しの次はココロの癒しだなと思い、弟子入り。現在は、芸能人初の個性心理学認定講師・カウンセラーとして、芸能の仕事と共に楽しく活躍させて頂いてます。

❶おいたち

今回、この本を書くにあたって、リーダーである弦本先生から、各専門分野の話を人が生まれ育つ順番でリレーして書こう！　という提案がありました。池川先生は赤ちゃんが生まれる前の話で「体内記憶」について。上田先生はお腹の中の胎児とお話することが出来るので「瞑想やスピリチュアル・ミッドワイフ」について。右脳教育で有名な七田先生は、もちろん「幼児教育」について。私の師匠の弦本先生は、当然、人間の取り扱いがわかる「個性心理学」について書きますよね……。となると、私は弦本先生の弟子だから「個性心理学」は、だぶっちゃうし、どうしよう。（汗）だからと言って、芸能の話をしたら暴露本みたいになっちゃうしぃ～（笑）と、悩んでたら、「実際、ちゃんと子育てしてるのはマルちゃんしかいないんだから、母親としてマルちゃんの子育ての話を書いたらいいよ」とツルの一声。ありがたや、ありがたやぁ～♪そっかぁ。それなら、書ける。是非書かせてください！　私にしか伝えられないことがあると思うから♡私の話を聞いて共感したり、何かを感じてもらえたらすごく嬉しいです。

私の子育ての話を書く前に、まず私がどんな子どもだったか、お話させてください。私は芸能界では明るくてキャピキャピした3枚目の役が多いせいか、とても明るい子と思われがちですが、実は芸能界に入るまでとても暗くて、いるかいないかわからないくらい目立たない、おとなしい子どもでした。(え?!信じられないって?……失礼な。本当です!)母親は病気がちで年中入院したり、家を空けてましたので、小さい私を残して仕事にいけない父は、私を母の実家の秋田の叔母さんの所や父の実家の佐渡島のおじいちゃんに預けて仕事をしてました。私は幼稚園にも行けず、東京から遠く離れた親戚の叔母さんやおじいちゃんのところで、友達が一人もいない寂しい毎日を送っていました。

父は、いつも自分の実家の佐渡島に私を預けると「ちょっと海に行ってくる」とか嘘をついて、いつの間にかいなくなり、東京に帰ってしまいました。……父を探して泣いてる私をおじいちゃんがなだめてくれましたが、「パパはいつ帰ってくるの?」と気が狂ったように泣き叫ぶ私に、困り果てたおじいちゃんが「明日迎えに来るよ」と言うけれど……翌朝も迎えなんて来るはずもなく、毎日、適当に嘘をつかれ、その内、私は人の言葉が信じられなくなりました。わずかに父の匂いがするお布団に顔をうずめ、おじいちゃんが心配しないように、声もたてずにシクシクと毎日泣いて暮らしました。その時の父の匂いは父が亡くなった今でもハッキリと思い出すことが出来ます。あの時に、一生分の涙を流してしまったんじゃないか?　と思うほどの悲しさでした。

そして5歳からは、ひとりでもお留守番が出来るようになり、東京のアパートに1日中一人でいて、夜は工事現場とかで遊ぶ子でした。お腹が空くので、父に米の研ぎ方を習い、マッチでガスコンロに火をつけ、フライパンを熱し卵焼きを焼いて、自分一人でご飯を作って食べたりしてました。大きな包丁も使って果物のむき方も習いましたが、柿の皮をむいている時、うっかり手を滑らせてしまい、左手の人差し指から大量に出血。指には今でも2センチほどの傷跡が深く残っています。

また、ある時は外から帰ってきたら、なぜか締めたはずのカギが開いてて、不思議に思いながら家の中に入ると部屋の様子がおかしくなってて、フリーズ。家中に洋服が散らばり、タンスが下から順番に階段の様に引き出されていました。そうです。泥棒に入られたのです。第一発見者は5歳の私。被害は10万円程度でしたが、怖い体験でした。一人でいるのが怖くなり、父の仕事場について行ってた時期もありました。退屈で、近くの山の中を散歩してたら迷子になり、1時間も路頭に迷って捜索願いを出す1歩手前で発見され、父を心配させたこともあります。

その後、小学校に入学したけど学校が苦手だった私。入学当初は、新しいランドセルやお勉強道具を買ってもらってとても嬉しかったし、希望に胸を膨らませてワクワクしてました。でも、幼稚園に行ってなかったせいか、同年齢の友達と上手くコミュニケーションが取れなくて……、友達の作り方がわからないから、いつもひとりぼっち。ちっとも面白くないから、そのうち学校に行きたくなくなってしまったの。で、学校に行きたくないから、朝になるとお腹が痛くなる。最初はお腹が痛いと言えば休ませてもらえたけど、休むと調子良くなるので、母にズル休みだと思われ、翌朝から、泣き叫ぶ私の手をひっぱって学校に連れて行かれました。

けどね、皆さん！　登校拒否児を代表して言わせてもらうと、本当に学校に行く時間になるとお腹が痛くなるんです。相当気分が落ちて気持ち悪くなり、思わず吐いたこともありました。子どもの心と体って、とても繊細なんですよ。そして単純なんです。うちの母は叱ってばかりでしたが、なぜ学校に行きたくないのか……もっと優しく向き合って欲しかった。もし私が、うちの娘に「学校行きたくない」って言われたら、きちんと話を聞いてあげて「そんなに行きたくないなら行かなくてもいいよ。」って言ってあげると思う。無理して行かせて、その子どもにとって何の得があるのか、私にはわかりません。

２０１４年10月に弦本先生と七田先生と私がタッグを組んで「杉の木の両親と松の木の子ども」という絵本（ＳＨＩＣＨＩＤＡ Ｂｏｏｋｓ）を発売しました。杉の木の両親が、頑張って我が子を立派な杉の木に育てようとしても、松の木の子どもは横に枝葉を伸ばす個性があり、縦に大きく伸びる杉の木にはなれないというお話です。きっと、もし奇蹟的になれたとしても、子どもにとって不本意ならば、相当なストレスがかかっているはず。親の個性で子育てするんじゃなくて、子どもの個性が伸びるように子育てしてほしい。だから、もっと自分の子どもの個性を見抜いて欲しい。いくら血が繋がっている親子でも「個性」は遺伝しないのだから。

この物語は弦本先生が原作を書き、付録のDVDに私の読み聞かせが収録されてますが、とても考えさせられる作品になってます。私は講演でこの本の読み聞かせすることがありますが、その度に自分の子どもの頃を思い出し、つい涙ぐんでしまいます。そして話を聴いているお客様の中にも、泣いてしまう方が必ずいます。きっと、子育てに悩んでいたり、ご自分が小さかった時のことを思い出して涙するのでしょう。世の中には親子関係のトラブルがトラウマになってる人が沢山います。でも、そういう事って、なかなか人に相談出来ないものですよね。私とて、いつも明るいイメージのキャラクターで売ってましたので、暗く寂しい子ども時代の話は、よっぽど親しくならないと打ち明けられませんでした。

話は、小学生時代に戻りますが、2年生の時は担任が厳しい男性の教師で、「この問題がわかる人、手を挙げて!」と言われ、手を挙げないとムチで叩かれました。それが嫌で、わからなくてもクラス全員が手を挙げるようになったけど、自信がないのに手を挙げてるから、先生と目を合わせないようにしてます。それが先生にバレバレで、逆にさされちゃう。(笑)そして答えが間違ってると、中指を少し出した痛いげんこつで頭を殴られる。

竹刀で叩かれることもあったし、忘れ物して固いイスに正座させられることもあり、各家庭の親御さんたちが「ちょっと度が過ぎてるんじゃないか？」と学校側に苦情を出し、その教師は1学期でいなくなりました。2学期は教頭先生が代理で担任をもち、3学期は初めて若くて綺麗な女性の教師が担任となりましたが、それは臨時で、3年生になるとまた担任がかわりました。どんだけ担任の先生が変わるんだ〜。落ち着かんっ！　それでも段々学校に慣れてきて通学はしてましたが、相変わらず仲良しの友達がいなかった私に、更なる事件が訪れます。

当時、私の母親は滅多にプレゼントを買ってくれることがなかったのだけど、臨時収入が入ったのか、めずらしく機嫌が良くて、突然、私に真新しくて可愛いズックを買ってくれたのです。私にはその靴が光ってみえました。2年ぶりくらいの新しい靴。いつも怒ってばかりのお母さんが優しい顔して、サプライズでニッコリとプレゼントしてくれた靴。心の底から嬉しくて翌日から早速、その新しい靴を履いて学校に登校しました。女の子って不思議ですよね。気に入った新しいものを身に着けて歩くだけで、自分のステータスが上がったような気持ちになる♪　お母さんにも優しくされて、明るい気持ちになり、昨日までの自分とは違う人みたいに、学校へ行く足取りも軽く、笑顔まであふれて来た。ホント、単純。（笑）やっぱ、お母さんの笑顔は家族を救いますよね。

ところが、ある日、下校しようと靴箱にいったら、あるはずの靴がない。あちこち、ず〜っと探したけれど全然みつからない。とっさに「お母さんに怒られる！」と怖くなりました。母は、とても厳しくて、怒るとすぐ私を叩きます。背が低い私は叩かれるとすっ飛ばされてしまいます。優しい顔は好きだけど、怒った顔は大嫌い。買ってもらったばかりの靴をなくしたって言ったら、どんなに怒られることか……。想像しただけでも恐ろしくて、私は仕方なく学校から家まで、子どもの足でおよそ15分〜20分ほどかかる道を裸足で歩いて帰りました。

けれど、家に帰っても母になかなか打ち明けられません。言わなくちゃと思えば思うほど、体が硬くなり、口にもロックがかかります。悩んだ末、「このまま内緒にしておこう」と覚悟を決めたのですが、夕食の時に全てがバレてしまいました。我が家は小さい時から現在に至るまで正座でご飯を食べますが、正座をして行儀よく食事をしている私に向かって母が、突然大声を張り上げたのです。「何なの？　その足!!　あんた、どこ歩いて来たの？　足の裏、真っ黒じゃない！　ちょっと、見せてごらんなさい。」頭隠して尻隠さず……じゃないけど、自分では絶対にバレないつもりでおとなしくしていたのに、正座をしたときにお尻からバッテンに揃えた足裏が、真っ黒だったのです。目ざとい母は私の異変に気がつきました。私はしまった！　と思い、ひたすらだんまりを決め込みました。母が

「どこ歩いて来たのって、さっきから聞いてるでしょ！　答えなさい！」私「(小さい声で)わからない」母「わからないじゃないでしょ！　ちょっと、こっちに来て早く足の裏を見せなさい!!」私「やだ。(見せたらバレる。叩かれる)」もう、私は必死に泣きながら抵抗しましたが、結局、思い切り母にバシバシ叩かれ、一部始終を話しました。

実はその頃、私はある女の子にいじめられていました。靴がなくなった時、きっとその子が隠したんだろうと思いました。でも、母に言えなかった。心配させたくないというよりは、相談したくても言えるような環境じゃなかったから。しかし、母に強く拷問の様に叩かれ、つい口を割ってしまいました。「多分、Mさんが隠したんだと思う」そしたら、母がすごい形相で怒りだし、「行くよ！　準備しなさい」「え?!どこに?」「決まってるでしょ、Mさんちよ。靴返してもらわなきゃ！」「ヤダ～！　行きたくない(泣)」「何言ってるの！」「もしかしたら、私の勘違いでMさんじゃないかもしれないもん！　だからやめて!!」

でも本心は、「だって、そんなことしたら、明日から、もっといじめられるかもしれない。だから余計な事しないで！」って思ってました。

プリプリと怒ってる母に連れられて、サザエさんのおうちみたいな造りのMさんの家の玄関に着くと、「ごめんくださ～い」母が大声だして呼んでます。Mさんのお母さんは夕食の支度の途中だったのか割烹着を着て出てきました。「はい。なんの御用でしょうか？」母はいきなり「お宅のお子さんが、うちの子の靴を隠したようなんですけど返してもらえませんか？」「は？」……私の心臓はバクバク。心の中で「お母さん、やめて〜、やめて〜！」と叫んでました。Mさんのお母さんは「まさかうちの子が？」困惑顔をしながらも奥の部屋にいるMさんを玄関に呼びつけました。嫌そうな顔したMさんが私たちの前に来ると、おばさんは、ストレートに「ちょっとあんた！　この子の靴隠したの？　どうなの？言いなさい」モジモジしてるMさんを見て、おばさんは確信をつかんだのか、だんだん怖い顔になってきました。「……あんた、この子の靴、本当に隠したんだね？　なんでそんなことするの!!」といきなりMさんをひっぱたきました。ひぇ〜、おばさん、やめて〜。私が叩かれた訳でもないのに、こっちが泣きそうです。「どこに隠したの？　早く出しなさい!!」益々怒り出すおばさんに、観念したMさんは「学校の校舎の裏の……」と、本当のことを言ってくれました。そして怒りMAXのおばさんとMさんと私達親子4人は、学校に隠された靴を取りに行きました。その後、靴は無事に見つかったけれど……明日からの報復がこわくて、私はその日、全く眠れませんでした。

翌日、「学校に行きたくない」と母に言ったけど、休ませてくれるはずもなく、この世の終わりのような気分で学校に行くと、私をみつけたMさんが私に近づいてきました。

「ひゃ～。キターーーッ！」ドキドキドキ……

しかし、思いがけないことに、Mさんは「昨日はごめんね。もうあんなことしないから」と照れたような顔をして、私に謝ってくれたのです。昨夜、おばさんに相当怒られて反省したのでしょうか……。仕返しされると恐れていた私は唖然。そしてその後、私がその子にいじめられることは1度もありませんでした。

子どもの頃の私は、この時とったお母さんの行動に対して「なんて余計なことをするんだろう。お母さんになんか言わなきゃよかった」と、本当に眠れない夜を過ごしました。でも実際は、母に本当のことを言ったお蔭で、いじめはピタッとなくなったのです。今、思うと、なんて勇気のある母親なんだろうと尊敬します。少々やり方は強引だけれど、私の言葉を信じて私を救うために、母として子どもの為に真正面から闘ってくれたんだな～って、時を経て、その行動にとても愛情を感じるし、感謝してます。お母さん、ありがとう。

よくニュースなどでいじめの問題が報道されてますが、ほとんどの子が報復を恐れて誰にも相談できず、ひとりで悩んでることが多いようです。悩みが大きくなっても、一番身近な親にも相談できず、自らの命を落とす子もいます。また、頑張って親に打ち明けることが出来ても、学校の先生が対応してくれない場合も多々あります。なんでなんだろう。

どうしたらいじめはなくなるんだろう。こんなこと言ったら、皆さんの反感をかうかもしれないけど、私はいじめられる子にも多少問題があるような気がするんです。可哀そうだけど、いじめたくなる要素が隠れている……というか。そして、いじめる子の方も、私は同じくらい可哀そうに思えるんです。親の愛が足りてないんじゃないかと心配になります。いじめられる子も、いじめる子も、その子たちの親の子育てに問題があると思えてならないのです。

私はまったく偉そうなことは言えない立場ですが、これからは親の教育も必要なんじゃないかと思います。最近は見かけないのですが、私はバドミントン教室の指導員の仕事も10数年ほどやってまして、毎週のように小学生の指導をしてますが、人に乱暴を振るう子とか癇癪を起してラケットを床に叩きつけたりする様なきかん坊な子って、みんな寂しそうなんです。でも、なんかプライドの高さも見え隠れしてる。転んで怪我をしてもグッと我慢して涙を見せない。でも私が誰も見てないところで「痛かったねぇ。大丈夫？」とハグしてあげるとおとなしくなる子もいます。きっと優しくされることに慣れてないんじゃないかな。人をいじめてしまう子どもは、愛が欲しいんじゃないかと思うんです。愛が満ち足りてないんだと。それは別に親の愛だけじゃなくても良くて、信頼できる心を許せる誰かが近くにいれば、精神状態はきっと良くなると思うんですよね。そうすれば成長過程が変わる。いじめっ子が消えれば、当然、いじめられる子もいなくなる訳です。子どもたちを救うには、親の考え方やライフスタイルを変える必要があると考えます。そのためには私が日々勉強し検証している「個性心理学」はとても役に立つアイテムになると思いますよ。まず子どもの個性を知り、我が子を明らかに認め、受け入れることで親も子どももストレスが減りますし、毎日が楽しくなります。忙しくて子育てが大変な場合は、子どものことをしっかり任せられる信頼できる大人を自分の子どもの駆け込み寺として用意してあげるべきです。これから私は、自分の子ども時代の経験を活かし、子育てに悩んでる全国の親御さん向けに、講演して回りたいという夢をもっています。いじめられた経験のない親にその子どもの辛い気持ちはわからないでしょう？　私には不登校の経験もありますし、その辺はバッチリです（笑）あの経験は今となっては、無駄でなかったかもしれません。悲しい過去を明るい未来のために使えるのだから、過去は変えられるのです。

先日、名古屋に講演に言った時、愛知県警でお仕事されてた元警視にお話しを伺ったのですが、最近の無差別殺人を調べたら、犯人は子どもの頃にいじめられてた人が多いのだそうです。大きくなって、まだ憎しみがあれば、その当時のいじめっ子の所に仕返しに行くような気がするけど、そうじゃなくて、その怒りの矛先を知らない人に向けるのだそう。話を聴いて驚いてしまいました。転んでも、体の傷は時が経てば消えていつか忘れてしまうけれど、小さい時に何気なく言われたひとことや行動で傷つくと、その心の傷は時が経てば経つほど憎悪となって深く大きな傷になっていきます。そうならないためにも早いうちに手を打たないと。私の場合は小学校4～6年の担任の酒井先生のお蔭で、大きく性格が変わることが出来ました。人生を変えるのはいつだって「人との出逢い」です。昔は近所にお節介ジジババがいて、親じゃなくても、ご近所さんが地域の子どもたちを見てくれて、叱ってくれたり褒めてくれたり、そこには大きな愛があったけど、世の中が便利になった分、そういう「愛」が少なくなってきたような気がします。まずは日本が平和で、みんながニコニコ暮らせるストレスのない日々が送れる国になるようみんなで力を合わせていきましょうよ。未来を担う子どもたちのために。

❷ 私流の子育て

可愛い一人娘を産んでから、早いもので27年と3ヶ月（2018年11月時点）。この子育てが果たして上手くいってるのか、残念な形なのかは自分ではよくわからないけれど……嬉しいことに、たくさんの人たちから娘の良い評判を耳にします。「まあやちゃんて可愛いね」「どうやって育てたの？」「姉妹にしか見えない」「まるでお友達親娘だね」「まるみさんところの親娘関係は私の理想です。羨ましい」

え？　母親の私としては、「いやいや皆さん、うちの娘は外面いいだけですよ（笑）」なんて心に思いながらも、つい嬉しくて、笑顔で「ありがとうございます」と言ってしまう私がいつもそこにいます。やっぱり娘がよそ様に褒められることは、母親の私にとって、自分が褒められるより、何だかこそばゆくてとても嬉しい。

娘を産んだ時、ドラマ「意地悪ばあさん」で共演した女優の坪内ミキ子さんに素敵なお祝いのメッセージを頂きました。「まるちゃん♪　お母さん1年生おめでとう!!　最初の子どもの子育ては、やることなすこと全てが自分にとって初めてなんだから、たとえ自分が何歳になっても子育ては終わらないのよ。自分にとって素晴らしい芸術作品を一生かけてつくってくださいね」こんな感じの内容だったと思います。確かに、2人目3人目になると、子育ても慣れてくるだろうけど、誰にとっても、1人目の子はいつだって手探り状態です。言われた通り親にとってはじめての子育ては一生初めてづくし。娘がいくつになっても私の子どもであることには変わりない。私がこの世からいなくなるその時まで、厳しくも温かい目で軌道修正したり出来るのは親の役目。だから、私の作品である娘が褒められるとメッチャ嬉しいのは当たり前ですよね。

そういえば娘が小学校の時でした。近所の同級生の男の子のお家によく一人で遊びに行ってたのだけど、その家のママに「お宅の娘はしっかりしてるねぇ。うちは男ばっかりで何にも手伝ってくれないけど、やっぱり娘はいいわね〜」と言われ「え？　うちの娘がどうかしたの？」と聞くと、ママ友曰く「私が扇風機の掃除してたら…『おばちゃん！　まあやが手伝ってあげる♪』って言って、一緒に扇風機を分解して、掃除するのを手伝ってくれたのよ。とっても助かっちゃった。どうやったらこんな子に育つの？」なんて言われて。

私は、自分の耳を疑いました。だって、うちでは扇風機のお掃除なんて手伝ったことないし、お掃除どころか、ほとんどお手伝いなんてしない（笑）娘が帰宅してから「まあや、お帰り。カズ君ちのお母さんから今電話があって、ママ褒められたよ〜。すごいね、まあや。掃除のお手伝いしてあげたの？」と聞くと、嬉しそうに「うん。カズに手伝えっておばちゃんが頼んだんだけど、何もしないから、まあやが手伝ってあげたの♪」と、鼻を伸ばして自慢げな娘。そこで私がつい「うちじゃ〜そんなことしてくれたことないのにね」と、わざと皮肉っぽくいうと「だってママ、手伝って！　って言ったことないじゃん」とムッとする娘。その時はなんとも思わなかったけど、今、振り返るとその通りだったわ。私もおばあちゃんも個性心理学的にいうと、しっかり者チームの虎なので、ペースを乱されるのが大嫌い。だから子どもに手伝ってもらうくらいなら自分でやった方が早いと考えてしまって、当時、娘に家の手伝いを頼んだことが殆どなかったっけ。あ〜ん。そ〜かぁ。今更、反省だな〜。その頃は個性心理学も知らなかったから仕方ないけど、子どもの頃からお手伝いさせなかった私がいけないんだな。だから娘は女王様みたいな子に育ってしまったのか?!（汗）いや、まだ間に合う。そこは軌道修正していこう。あはは。

さて、私流の子育ての基本はこんな感じです。

1　挨拶がきちんとできること。他人様に迷惑をかけないこと。

当たり前のことですよね。私は15歳から芸能界という特殊な体育会のような世界にいますので、何がなくてもまず「挨拶が大事」ということは、自分自身にも身についている事なので、小さい頃からしっかりしつけました。人に迷惑をかけないという事については、うっかりかけてしまったら、きちんと謝ることを徹底してました。

挨拶と言えば、芸能界では例え夜中だろうと、仕事に入った時は何時でも「おはようございます」というのが、習わしですが、はじめは変なの〜と思ってた私も、芸能界に入って半年位してそんな不思議な挨拶も違和感なく出来るようになってきたある日、当時、お仕事でご一緒させていただいてた郷ひろみさんに「おはようございます！」と元気に笑顔で挨拶したら「こんにちは」って返されて「え？」となった事があります。私が驚いた顔をしてると、ひろみさんが「まるみちゃんも、だんだん芸能界に染まってきたなぁ。おはようは朝の挨拶だよ。今はお昼だから、こんにちはでしょ。で、夜はこんばんは。夜、おはようって挨拶する世界っておかしいと思わない？」って言われて……。まあ、その通りなんですけど、でも、私、やっとその違和感に慣れてきて、いつでもどこでも笑顔で「おはようございます！」が言えるようになったのに、先輩にそう言われてどうしていいかわかなくなって焦りました。でも、周りに流されず自分の意見を持っているひろみさんをとても尊敬してました。間違ってないと思った私は、その後ひろみさんに対してはちゃんと、夜なら「こんばんは」と挨拶するようにして、他のキャストやスタッフには、芸能人らしく「おはようございます」と言う様にしてました。こうやって、先輩たちには臨機応変に対応するということも覚えていきました。（笑）娘も小さい時から仕事場に連れて行ってたので、ご挨拶は他のお子さんより早く覚えた様な気がします。やっぱり子どもは大人の真似をしますからね。覚えるのは早かったです。

2 子どもの頃、自分が親に「嫌だ」と思ったことは絶対やらない。逆に良いと思ったことはやる。

子どもの頃、「絶対こういう大人にはなりたくない」と思うことがいくつかありました。でも自分が年をとるにつれ、不安になってきました。「もしかして私も大人になったら、今の気持ちを忘れて子どもに嫌なことをする大人になっちゃうのかなぁ」って。そんなの嫌だ！　それじゃ〜私の将来の子どもが可哀そうだ！　と考えた小学生の私は、大きくなっても子どもだった頃の自分の気持ちを絶対忘れないようにと日記を書くことにしました。それに加え、小学校４年生になって初めて親友が出来たので、その友達ともずっと交換日記をしてました。たまに読み返すと子ども時代に簡単に戻ることが出来ます。日記はつけていて良かったなぁって思うアイテムです。

私の母はベタベタするのが嫌いで、いまだに自分の体を触られるのも大嫌いですから、私は抱っこしてもらった経験があまりありませんでした。15歳の時に共演した岸本加代子さんが、とてもチャーミングな方で、仕事が終わると「お疲れさまでしたぁ」と屈託のない笑顔で周りの大人の胸に飛び込んでいくから「加代子は可愛いなぁ」と、ハグされてる大人はニコニコ顔でした。私はそういう事が自然に出来る彼女にとても憧れました。２歳しか離れてないけど、とても自由に振る舞い、明るく、お芝居も上手で思い切りが良い女優さん。私はというと、真面目で固くて暗くて融通が利かない感じ。そこで私は彼女の真似をすることにしました。いまだに、私が仕事で仲良くなった人や飲み会の帰りに皆さんとハグするのはその頃からの影響です。だから、娘ともずっとハグしてました。母にしてもらえなかった分、娘とのスキンシップはいまだに半端ないです。実は、娘は27歳になった今でも、疲れた時や、嬉しいことがあった時に「ママ、抱っこ！」と、寄ってくる時があります。私が普通にそれに応じると、決まって母が横で「やだ、気持ち悪い。いい齢して何やってるの？　まあやはいくつになっても赤ちゃんね」と言って苦笑いしてます。でも、これは私達親娘のルールですから、誰に何を言われようと関係ありません。だって人のぬくもりって心を癒しますから。いくつになってもハグはいいものですよ。お互いにとても安心できます。

小さい時、母はあまり家にいなかったので、小さい私を寝かしつける役目は父がやってくれましたが、父と一緒に寝れる夜はとても楽しかったんです。何故かというと電気を消した後、お布団のとなりに入ってきた父が、即興で物語を作って聴かせてくれたからです。目を瞑っていろんなお話を聴きました。「桃太郎」「金太郎」「花咲か爺」といった有名なおとぎ話が飽きてしまった私に父は、ボールペンが主役の「ペン太郎」とか、とにかく身の回りにあるようなものを主役にした物語を創作して、面白おかしく耳元で話してくれました。だから毎晩、父と寝るのが楽しみでしたが、逆に私はウキウキワクワクしすぎて寝つけなくなってしまい、仕事で疲れている父の方が先に寝てしまうこともしばしばありました。（笑）

あの時の嬉しさが忘れられなくて、娘には良く絵本の読み聞かせをしてあげたし、父の真似をして即興創作物語も聴かせてました。おじいさん風に「むか～しむかしのことじゃった……。おじいさんとおばあさんがおってな」なんて、配役によっては声色も変えたりしながらやるもんですから、娘も大喜びで中々寝てくれません。まぁ、想定内ですが。（笑）そして、私が子どもだった時の父の様に、話しながら自分が先に寝てしまうこともあり、娘に「ママ～！　起きて!!　そのあとどうなったの？　ねぇ!!」なんて起こされて。寝かしつけるためにやってるのに本末転倒な私。けど、自分もそうだったから気持ちはわかります。そんな時私は、こういいました。「じゃ、この続きはまあやが考えてごらん」「いいよ！　じゃ、ママが目を瞑って聴いてね」。こうやって、たまに娘が作った物語を私に聴かせてくれることもありました。でも、私は働きながら娘を育てている母子家庭でしたから、疲れていて結局アッという間に寝てしまい、「ママ～、話聴いてよ～」とまた起こされて。（笑）

以前、七田先生にこの話をしたら大変良い事だといわれました。是非、皆さんもお子さんやお孫さんに読み聞かせをしてあげてくださいね。天才子役の芦田愛菜ちゃんも、とても本を読むことが好きだと言ってましたが、本を読んでると、いつでも空想の世界に入れるし、知識も得られます。私の父の動物キャラは「猿」で、子どものような明るい性格で楽しい人でした。しかも、とてもアイディアマンだったから、高いおもちゃなんてなくても、空のフィルムケースだけで私におもちゃを作ってくれて笑わせてくれました。本当に手先の器用な人で、手品も上手だったし、電話とポットと私の口紅を置く丸いケースを使い、見た目はポットなのに実は電話もかけられるという不思議なものを作ってくれたり、天井からロープをつるし、座蒲団を巻いて、即席ブランコを作ってくれたこともあります。

3　3歳までが大事と考えた

「三つ子の魂百まで」ということわざがありますが、幼い頃の性格は、年齢を重ねても変わらないという意味です。つまり私は、3歳までの教育が一番大切なんじゃないかと考えました。人間というより動物に近い生き物だと思ったので、悪いことをしたらすぐその場で叱りました。飼ってるペットと同じしつけ法ですね。(笑) そこに親の感情が入り、思わず手がでて娘を叩くこともありました。時にはそれも、しつけのためには仕方がないと思ってます。しかし、私が子どもの時は、大きくなっても理不尽なことで叩かれて、それがとても嫌だったので、私は娘が３歳を過ぎてからは1度も手をあげてません。

英語にもふれさせました。私が学生の頃、英語が苦手で苦労してるので、娘には好きになってもらいたいと考えたからです。「３歳までに英語を聴かせておくと潜在意識にやきつき、中学生になってから初めて英語教育を学ぶときに力を発揮し、英語が好きな子になる」と、どこかで聞いたからです。その頃は普段ＣＤの英語教材や歌を流しておきました。

(現在娘はオール英語のジャズ歌手もしています)

娘が３歳半位の時、英語の家庭教師を雇うことに決め、週に2日、月に8回、知人づてに知り合ったおとなしくて性格の良い外人さんに来ていただき、私自身が英語の勉強を2時間やらせてもらい、近くで娘を遊ばせていました。そして授業が終わると３人でトランプゲームしたりして遊びました。娘も英語に興味津々だったので、トイレに自分で作った簡単な英語表なども貼っておきました。その男性の先生は「こんにちは」「ありがとう」以外、日本語は全く話せません。だから、休憩時間に話すのも四苦八苦でしたけど、1年くらい経った頃から、突然先生が何をしゃべってるのかわかるようになって、「人間ってすごい!!」と感動。ところが質問している内容はわかるのにそれについて英語力がない私は答えられない。まだまだ会話が出来るようになるには時間がかかるなぁと、思った頃、私は重大なことに気がつきました。その男性はオーストラリア人だったのです。(汗)

当時私はオーストラリア人には独特の英語訛りがあるということを知りませんでした。例えば、Todayをトゥデイと発音するのではなく、トゥダイと発音します。aは、アイと発音されるし、rを発音しないから、Newspaperは、ニュースペーパーじゃなく、ニュースパイパーとなります。どちらかというとカタカナ英語な発音なので、私には聞き取りやすくて好きだったんですけど、まあやの為になるかというと微妙だな……と思ってる矢先に先生が故郷のオーストラリアに戻るということで、1年半でお別れとなりました。けど、とても良い先生だったから、また会いたくて、翌年、娘を連れて先生の住むゴールドコーストへ行き、その年で抱けなくなるというコアラを親子で抱いてきました。どっしりと重みがあり、ジッとして可愛いかった。娘の初めて行った海外はオーストラリアですが、コアラを抱いたこと以外、何も覚えてないそうです。ま、それだけでも良い体験させたかな♪とママは思ってます。

そういえば、娘が4歳になった頃、世間はお受験ブームでした。私は小・中・高ともに公立校でしたが、日本はまだ景気もよく一人っ子が増えて、子どもにかけるお金に余裕ができたのか、みんなこぞって学習塾に通わせ、世の中のママたちはお受験に燃えていました。私は受験にあまり興味はなかったのだけれど、公文だけは習わせてみようと、仕事で忙しい私に代わって母に娘の面倒を頼み、勉強を見てもらってました。半年もすると、公文の先生に「まあやちゃんは出来が良くて、1年先のお勉強も終了しましたよ♪今度小冊子に名前が載ります。頑張ってくださいね」と言われました。当時の娘は暗記力が素晴らしく「犬も歩けば棒にあたる」などのことわざを何十個も暗記することができました。「この子は天才なんじゃないか？」と勘違いした瞬間です。（笑）その内、娘は2年先の勉強までするようになり、塾の先生に絶賛されました。そのことを勉強担当係の母にいうと、母も大喜び。「私が、ずっとついて勉強させてるせいよ。感謝しなさい」「はいはい。ありがとうございます。じゃ今後ともよろしくね」ってことで、任せっきりでしたが……ある日、仕事が予定より早く終わって、家に帰ると、そこには机にかじりつき正座して、必死に宿題を解いてる娘がいました。よく見ると顔色も悪く必要以上に瞬きを何回もして、口も曲がって、今にも泣き出しそうな顔をしてます。横には私の母が怖い顔して机をバンバン叩いてます。「なんで、あんたはこんな簡単な問題もわからないの!!」それを目の当たりにした瞬間、私の子ども時代の忘れかけてた恐怖がよみがえりました。とにかく母は怖かった。「お母さん、やめて！　出来なくて当たり前じゃん。まだ4歳なのに小学生の問題解いてるんだよ。まあや、もういいよ。やらなくて」母には考え方が甘いと怒られましたが、その日以来、私は公文をやめさせました。なぜならば、娘にチック症の症状が出始めたから。きっと、相当なストレスだったのでしょう。それ以来、小学校に入ってからも私は「早く宿題やりなさい」とは一切言わない母親になりました。

これには後日談があって、高校生になった時、一般常識の問題で、ことわざの虫食い問題が出たそうで、あんなに得意だったことわざだからさぞかし点数が良いだろうと答案を見て大笑いしました。

「虎とたぬきのぼろ儲け」え？　取らぬ狸の皮算用だよ。「暑さ寒さも百度まで」100℃もあったら焼け死ぬだろ～。「地獄の沙汰も君次第」おいおい！　なんだこれ。違うだろ～！　正解は「金次第」。しかし、言ってることはなまじ間違ってもいない。確かにある意味「君次第」だよね。(笑) 間違った回答もユーモアセンスに溢れていて的を得てる (爆笑) 私は、こういう時、いつも彼女に高評価を与えてました。

そういえばこんなこともありました。小学校の時、娘が満面の微笑みで、走って学校から帰って来て、「ママ～まあや、今日テストで100点取ったよ！」勉強が苦手になり、いつも成績の悪い娘が満点を取ったなんて奇蹟！　「どれ、見せて見せて」。娘は得意げに、国語と算数と社会の3枚の答案用紙を私に渡しました。そこには100点どころか、赤点だらけの答案が。「え？　29点じゃん、こっちは25点？　何これ」「ママ、よく見てよ。3枚合わせたらピッタリ100点になるんだよ。すごいと思わない？」キラキラ目を輝かせてます。私は、目が点になり、次の瞬間大笑い。「へぇ～本当だ、すごいね。よくやった！」と私は褒めまくりました。私の子育てってこんな感じなんです。だから成績を上げる育て方ではありません。でも、普通では育たない何かが確実に育っていると確信していました。

4　毎日、お風呂に一緒に入る。

私は、娘が高校生になるまで、出来る限り一緒にお風呂に入ってました。なぜなら、その日に起きたことをお風呂の中で情報収集できるからです。また、娘は9か月からアトピー、5歳から小児喘息を患っていたので、体にキズはないかなど同時にチエックしてました。心と体のチェックをするのはお風呂が一番。湯気でエコーがかかってるので、気分が良いと一緒に輪唱したり、ハモったり。楽しく喋って心身ともにリフレッシュ♪高校生になった頃から、2人で入るには家のお風呂が狭くなってやめましたが、いまだに、夜、車を走らせ2人で気分転換にスパに出かけることも多々あります。そういえば娘を連れて都内の銭湯巡りもしました。広いお風呂は手足が伸ばせて気持ちぃい。私達親子にとってお風呂は、ストレス解消。いまでも心が解放される場所なのです。

私は「ただいま～」の声を聞くだけで、娘が絶好調か悩みがあるかすぐわかります。なのでそんな時は何気なくお風呂の中で何があったのか聞きだしました。

小学校1年の時、娘が悲しい顔して帰ってきました。話を聴くと、まあやが、お絵かきをしてたらKちゃんが「見せて」と言ったので、見せてあげたら、娘の描いた絵の上から鉛筆でぐちゃぐちゃに落書きされたそうです。それを見ていた先生が「Kちゃん何してるの、まあやちゃんにあやまりなさい」と注意したら、「は～い。ごめんなさ～い」と言いながら、今度は消しゴムで娘が書いた絵ごと全部消してしまったとか。とっても上手にお姫様の絵が書けていたのにと残念がって娘が泣いています。そりゃ～ショックですよね。想像しただけでも可哀そう。私はそれを聴いて娘をギュッと抱きしめました。そして、落ち着いた頃にこう言いました。「まあや、辛かったね。でも、Kちゃんのこと嫌いにならないでね。きっと、その子は嫌なことがあったんだよ。本当は寂しいんだと思うよ。今度一緒に遊んでみたら？　お家に連れてきてもいいよ」と言いました。すると娘はうなずき、次の週に本当にその子を家に連れて来ました。

その日は雨でした。まあやが帰宅しようと傘を広げると、Kちゃんが「傘を持ってないから貸して」と言って来たので「じゃあ、まあやの傘に入れてあげる。ママがお家で遊んでいいよって言ってたから来る？」と聞いたら、彼女が「うん！」って返事したらしく2人で帰って来ました。Ｋちゃんにおやつとジュースを出したら、きちんと私にお礼を言ってきました。とても行儀が良く、この子が本当にいじめっ子なの？　と思いましたが、なんか子どもらしくないというか、大人に対しての対応が不自然と言うか……あまりに出来過ぎてて何か違和感を感じました。私はＫちゃんに家の電話番号を聞き、うちでお子さんを預かっていることをおばあちゃまに伝え、時間になったら傘を持って迎えに来るようにお願いしておきました。やがて、約束の時間に玄関の呼び鈴がなって、迎えがあり、彼女は「ありがとうございました。また遊びにきてもいいですか？」と私に聞き「いつでもど～ぞ」と答えると笑顔で家を出て帰って行きました。

　ところが、しばらくあちらの後姿を見送っていると、急変したようにその子は「ババァ、なんで来たんだよっ。電話なんか出なくていいのに」「雨が降ってるから迎えに来てって言われたから来たんだよ。でもＫは傘持って学校に行ったよね？　あんた傘どうしたの？」「傘なら持ってるよ」と言って、自分のカバンから折り畳みの傘を出したのです。それには私もビックリ。傘を持ってないというのは嘘だったのです。後日、その子のお母さんと会う機会があり、「うちの子、いじめられてるかもしれないの」と相談されましたが……。「いえいえ、いじめてるのはあなたのお子さんの方ですよ」とはとても言えませんでした。本当はKちゃんにいじめられたという子どもの苦情をあちこちから耳にしてましたが、逆にお母さんは自分の子がみんなに目の敵にされて、いじめられてると勘違いしたようです。とても忙しいお仕事の方で、育児はおばあちゃまに任せていたようですが、Kちゃんはお母さんや私の前では良い子を演じてたんですね。お母さんは子どもを信じ切ってます。信じることは素晴らしいけど、なんか、歯車が狂ってる。悲しいなと思いました。Kちゃんもお母さんも、おばあちゃんも、みんながストレスを感じてるように思えました。

話かわって娘が高校生の時、久しぶりに娘と家のお風呂に入った時のこと。娘から「歌手になりたい」と相談されました。私は芸能界の厳しさを知っているので、そんなに甘いものじゃないということを伝えましたが体を見てたら、知らない間にボンッ、キュッ、ボ～ン。超ナイスバディに育ってる……。「ねぇまあや、まずはグラビアから始めてみれば？」そんなこと言う親はいないと周りから非難されましたが、娘は言われた通りグラビアアイドルで芸能界デビューしました。その年、グラビアアイドル新人賞を取り、今は競馬やゴルフ番組のキャスターをやりながら、夢だったジャズ歌手として定期的にワンマ

ンライブが出来るまでになりました。よく頑張ったね、ままや♡

5　ママには嘘をつかないこと。

嘘はダメです。よくお年頃になると「友達のうちに泊ってくる」なんて親に嘘ついて彼のお家に泊りに行ってる子もいる様ですが、親に嘘つくと疲れるでしょう。親が厳しいと子どもは嘘をつく様になるんです。私がそうでした。（笑）だから私は、娘にはどんな些細な事でも嘘をつかず正直に話すように育てました。もし、悪いことをしても嘘をつかずに打ち明けて謝ったら許すという約束もしてました。姉妹の様に親子で恋バナとか出来る関係でいたいと思ったし、親子で一番大切なのは信頼関係だと思ったからです。そんな感じですから、うちには昔から娘の友達が親に言えない悩みを私に相談しにきたりしてました。逆に私が娘に相談することも沢山あります。

6　出来たら褒める。悪いことはその場で叱る。

とにかく娘を褒めて育てました。私が子ども時代、いくら頑張っても母が褒めてくれなくて「そのくらい出来て当たり前だ」という考え方だったので、私は悔しくて、どうしたらお母さんに褒めてもらえるんだろうと空しい気持ちでいました。だから私は、まあやが絵を書けば、「うわっ！　すんごい上手。きっと画家になれるよ」と褒めたし、踊りをおどれば「カッコいい！　ダンサーみたい」と褒めました。出来なくて悩んでる時も「大丈夫！　まあやなら出来るよ」と言い続けました。その結果、人前に出ても堂々と出来る子になりました。

この本を書くにあたって、娘に「ねぇ、前に、自分に子どもが出来たら、ママみたいに子育てするって言ってたけど、ママの子育てって、どこが良かった？」と聞いたら、娘はこう答えてくれました。

「まあやが歌ってると、『良い声だね〜。歌の才能あるんじゃない？』とか、中学で生徒会長に立候補した時も、担任の先生がまあやは無理だと言ったのに、ママが『まあやは、人前で喋るの向いてるから、きっと演説すれば当選するよ』と、いつも褒めてくれたお蔭で、まあやは『良い勘違い』が出来て、いつも何とかなるという自信が持てたの。ママのお蔭で、馬の絵が個展に飾られたり、習字で6段になれたり、歌手にもなれた。感謝してる。ありがとう」と言われました。褒められたら大人だって嬉しいのだから、まずは身内から褒めないとね。素敵な勘違いは人間のステージを上げてくれます。

そして、悪いことをしたら、周りに人がいようとその場で叱ってました。私が子どもの頃、母は、お客様がいるときは優しいのですが、帰ると「さっきはなんなの？」と急に怒り出すことがよくありました。時間が経ってるのでこちらは何が何だかわかりません。だから、私は体裁を考えず、悪い事したら周りに人がいようとその場で叱ってました。まあやに言わせると、それが恥ずかしくて、もうやらないって思ったそうです。

娘が5歳の頃、ママ友親娘と4人で旅行に行った時の事。土産物屋の前でまあやの友達が駄々をこね始めました。「買って買って」と大きな声で騒いでます。まあやも本当は欲しいけど静かに我慢してます。自分のうちの子がこれをやったら、私は叱るのですが、人んちの子だしと思って黙って見てたら、娘に「ねぇ、ママ、まあやならお店で騒いだら怒られるのに、なんで、Aちゃんは怒られないの？」と言われ、確かにそれは不公平だよなと思う私。でも、向こうの親は全く叱らない。あまりに騒いでるので、私は思い切ってその子を自分のうちの子の様に叱りました。そしたら、その子がビックリした顔をして、なお一層大声で泣きました。次の瞬間、Aちゃんの親が私に寄ってきて「そんな怒り方しなくてもいいでしょう。うちの家族は生まれてから1度もこの子を叱った事ないのに。Aちゃんがかわいそう」と、逆に私がママ友に叱られました。（驚）確かに親がいるのに他人の私が叱るのは出過ぎた真似だったと謝りましたが、生まれてから1度もAちゃんを叱ったことがないとは驚きです。その時、「この子は将来どんな子に育つのだろう……」と心配しましたが、とてもいい子に育ってます。攻撃的なところがひとつもない優しい子に育っているのです。こんな子育て法もあるんだなと後から感心しました。私には出来ませんが。(笑)

7 妹と思って育てる

私には兄弟がいないので、娘が生まれた時「妹だと思って育てよう」と思いました。その方が気さくに何でも話しあえると思ったからです。洋服も靴のサイズもほぼ同じなので貸し借りもできますし、普通の55歳が着る服より私の好みは若いかもしれません。また、娘にライバル心を持つことで気持ちが若返ります。結果、28歳も年の差があるのにいまだに「姉妹みたいですね」と言われます。私の若返り法のひとつでもあります。

③ 素敵な邂逅

「邂逅」というのは、思いがけない出逢いや運命的な巡り会わせのこと。人との出逢いを表す私の好きな言葉です。これまでのいろんな出逢いによって、今の私がいます。辛かった事も、嬉しかった事も沢山あるけど全てが栄養になってます。娘との出逢いも邂逅です。子育ての話を書いてますが娘に教えてもらったことや助けてもらったことも書ききれないほど沢山ありますのでひとつだけ紹介しますね。

私が36歳の頃、父が不治の病にかかり、病気がちの母が更に骨折、娘が喘息で入院しました。しかも3人とも違う病院。私ひとりで仕事しながら切り盛りしてたけど、イライラした私は8歳の娘の前でつい弱音を吐いてしまいました。「あ〜んもう！　なんで、みんな病気になるの？　もう嫌だ！　ママばっかり働いて……私も少しは休みたい」そしたら娘が優しい顔してこういいました。「ママ、あのね。ママが病気にならないように、家族みんながママの代わりに病気になってるんだよ」。そう言いながら私の頭を撫でてくれたのです。私は泣きました。私は家族みんなに生かされているんだなって、心から思えたからです。そして、その日から弱音を吐かなくなりました。あの時は本当に娘の言葉に助けられました。私も娘に育てられているんですね。

まあや、ママの子どもとして生まれてきてくれてありがとう。ママを選んでくれてありがとう。これからも最強の仲良し親子でいようね。私は子育てを語るほど立派な母親ではありませんが、いろんな経験をしています。そんな私のお話が少しでも皆さまのお役に立てれば嬉しいなと思います。

沢山の出逢いが繋がって、この本を出すことが出来ました。6年前に弦本先生と突然出逢い、飲み友達になりました。学ぶところが沢山ある師匠であり、今は最高の親友だと思ってます。次に出逢ったのは歩くジュークボックスの七田先生。この人が知らない歌はまずありません。（笑）私は今でこそ、ひとりで全国を講演するようになりましたが、1番初めは七田先生とのダブル講演だったのです。おかげで素敵なスタートがきれました。次に池川先生とお逢いしました。池川先生はとてもお茶目で優しい方。コスプレでしか白衣姿を見たことがない一風変わったお医者様です。そして、池川先生の誕生会で上田先生と知り合いました。いつも、太鼓とかウクレレ持っててニコニコしてます。4人の共通点は「不思議ちゃんで天然ボケ」なところ。あ？　私もかな……。（笑）それから、偉ぶらないところが大好きっ！

まさに「実るほど、頭を垂れる稲穂かな」という人たちです。東武動物公園の日置社長もそう。全然偉ぶらない。数年前、有給休暇を利用して普段着で園内を案内していただいた思い出は私の宝ものです。そして、最後に、私の著書Ａｎｉｍａｌｏｇｙの出版社でもある牧野出版の佐久間社長。私たちの夢の共著を叶えてくれてありがとう。皆さんとの出逢いに心から感謝します。

白石まるみの HP

個性心理學「子育て編」

弦本將裕

天才児の育て方

アメリカの全米最優秀女子高生を選ぶコンテストで優勝したスカイ・ボークさんが、インタビューに答えてこんな話をしていました。

「私の母親は、私が勉強していると〝あなた、勉強する時間があるくらいなら、寝なさい！〟と口癖のように言っていました」と。そう言えば、東大に現役合格した方へのアンケートによると、「親から、勉強しなさいと言われたことがなかった」という回答が多かったのには、驚かされました。皆さんは、いかがですか？　親が勉強しなさいといつも言っている子どもの偏差値は、総じて低いそうです。

また、本書の著者の一人でもある七田厚先生から人間には、７つの才能があるという話を伺ったことがあります。

①「学問的な才能」要はＩＱではかれるものです。ほとんどの親や学校の先生が求めるのはこの才能です。

②「数学的な才能」数学的に物事を考えることの出来る才能ですね。きちんと割り切りたいと思う性格は、ここから来ているのかも。

③「運動的な才能」言うまでもなく、身体能力です。あらゆるスポーツの世界で活躍している人に備わっている才能。

④「空間的才能」絵画、音楽、デザイン、建築などの芸術的な分野で活躍している人の才能のことです。

⑤「人間的才能」自分をコントロールして、人のことを思いやることができる力、いわゆるEQのことです。

⑥「人間関係の才能」、言い換えると、人間力の豊かな人、つまり、「親切」「謙虚」「奉仕」「感謝」「思いやり」「いたわり」「明朗」「素直」「人の幸せを喜ぶ」「プラス思考」などのキーワードがたくさん当てはまる人です。

⑦「環境的な才能」動物や植物など、自然に対して豊かな心を持っているということで、飼育係とか花屋さん、農業・漁業、あるいは宇宙飛行士もこの才能があります。

要するに、人間の能力というのは、学校の勉強だけが大切ではないということです。「学問的な才能」を否定する訳ではありませんが、それだけで人間の一生が決まってしまうわけではないことは、冷静にまわりを見渡してみれば、わかることだと思います。そうではなく、世の中に出て自立してやっていくには、わが子が7つのうちどの才能を持っているのかを見極め、伸ばしてあげることが親としてとても大事なことなのです。

大坂なおみさんは、全米オープンテニス女子シングルス優勝という快挙を日本人で初めて達成しました。日本中のみならず、世界中の人々に感動を与えました。誰が大坂なおみさんの偏差値や通知表を気にするでしょうか？

さて、貴方の子どもはどの才能の持ち主なのでしょうか？

個性心理學とは何か？

21世紀に入って大ブームとなった動物占いをご存知の方も多いと思います。その動物占いのベースになっているのが個性心理學なのです。

１９９７年４月に個性心理學研究所が設立され、世界で初めて人間の個性を12の動物キャラクターに当てはめるというイメージ心理学の手法を用いて発表されました。

人間は、わからないものを理解するためには、長年「分類する」という手法をとって参りました。ですから、人間以外はすべて分類されてきました。図書館に行くと、動物図鑑、植物図鑑、魚図鑑、鉱物図鑑などあらゆる分野の図鑑がありますが、「人間図鑑」だけは見たことがありません。そうなのです。人間だけが、分類されていなかったのです。つまり、個性心理學は、世界初の人間図鑑であると言えるのです。

また、子どもにでもわかるように、人間を動物に置き換えたのもブレイクした要因であったと思います。人間の記憶はイメージでしか残らないと心理学的にも証明されています。そもそも、私たち人間の原点の「動物」なのですから。そして、各動物の特徴をとらえて、性格をイメージで簡単に理解できるのも個性心理學ならではの楽しさです。

さらに、12の動物たちを円グラフに置き換え、その位置によって目標指向型・状況対応型、未来展望型・過去回想型、右脳型・左脳型などの2分類に分けました。そうすることで、より立体的に各動物たちの個性が見えてくるのです。

細分化するだけでは、学問としては専門的になり、難解になってしまうので、今度は12の動物たちを3つのグループに再分類したのです。MOON（こじか、黒ひょう、たぬき、ひつじ）、EARTH（狼、猿、虎、子守熊）、SUN（チータ、ライオン、ゾウ、ペガサス）の3つのグループです。

人間は、つい自分との違いを探してしまいますが、違いだけを探してもストレスから解放されることはありません。大切なのは「共通項」を探すことなのです。この3つのグループは、それぞれ共通項が多く含まれています。そして、この3つのグループそれぞれに、力関係も存在するのです。MOONがEARTHを動かしやすい、EARTHがSUNを動かしやすい、ＳＵＮがＭＯＯＮを動かしやすいというものです。この3分類のヒューマンリレーションは、ジャンケンに似ているので、「ジャンケンの法則」とも呼ばれています。ＭＯＯＮが小さくまとまるグー、ＥＡＲＴＨがいらないものを切り捨てるチョキ、ＳＵＮが外に向かって拡大・展開するパーなのです。みなさんも、自分の周りの人間関係に当てはめてみると楽しいですよね。

そして、個性心理學の究極の理論が「運気」（トキのリズム）なのです。「毎日変わるのは、天気と運気」。みなさんは、毎朝、天気予報は見るのに、自分の運気を知らずに生きていませんか？

これは、とてももったいないことです。さらに運気には、10年単位、10か月単位、10日単位のリズムがあるのです。個性心理學の12の動物がさらに60に分類されているのは、この運気が違うからなのです。

個性別子育て

自分が生んだ子どもなのに、同じように育てたのに、平等に愛情を注いできたのに、子ども達はそれぞれ「個性」を持っており、なかなか思うような子育てができないという声をよく耳にします。

個性は遺伝しないということと、兄弟・姉妹であっても個性が違うために起こる悲劇です。個性が違うと価値観も異なります。人間は、自分と異なる価値観を受け入れることはできないのです。しかし、母親は、自分の個性という名の価値観を子どもに押し付けてしまいます。よく「躾」と言われていますが、実は母親の価値観の「おしつけ」だったのです。

本書「繋がる」では、個性心理學を活用した子育てをテーマにして、12の動物キャラクターごとの育て方を中心にまとめてみました。

ここでは、その前に3つのグループについて子育てを考えてみましょう。

MOONのグループは、こじか・黒ひょう・たぬき・ひつじのキャラクターです。このグループの特徴は、寂しがり屋でいつもお母さんにべったりとくっついていたいということです。他人の評価がとても気になるので、いつも周囲に気を配っています。「いい子」

と言われるように親の期待に応えようといつも一生懸命です。スキンシップが大好きで、学校で起こった出来事を、何でもお母さんに話してくれます。勉強部屋があっても、リビングでお母さんの顔を見ながら、宿題をしていたいのです。そんなＭＯＯＮの子どもには、とにかく優しく接してあげてください。忙しいからと話をさえぎったりしないで最後まで話を聞いてあげてください。一日に一回は、強く抱きしめてあげてください。それだけで、親子の絆は深まり、安心した子どもは素直にすくすくと成長することでしょう。

ＥＡＲＴＨのグループは、狼、猿、虎、子守熊です。このグループの特徴は、しっかり者で自分のことは自分でしたいし、あまり干渉してもらいたくないということです。「まだ、子どもだから」と甘えさせたり、いちいち口出しをするのは禁物です。適度な距離を保ちながら、自立心を育ててあげてください。何事も計画を立てさせて、その計画通りに行動させてください。目標達成能力にも長けているので、何か達成した時にはご褒美をあげましょう。目に見える形で評価してあげることが効果的なのです。お金のことにもキチンとしていますから、例え親子といえどもルーズな対応をしていると信頼関係が揺らいでしまいます。それぞれ自分のペースを持っていますから、親の都合で子どものペースを乱してはいけません。

ＳＵＮのグループは、チータ・ライオン・ゾウ・ペガサスです。このグループの特徴は、人の話は聞いていませんが、ピンとくる感性で物事を直観的に判断する天才チームということです。ぜひ、個性を伸ばす意味でも放任主義で育ててあげてください。たとえ小学生でも「大人」として接してあげましょう。時間で管理してはいけません。この子が何かに集中している時は、邪魔をしてはいけません。遠くから見守ってあげましょう。家ではだらしなくても、意外と外ではしっかりしているので、心配は無用です。

12分類キャラクター円グラフ

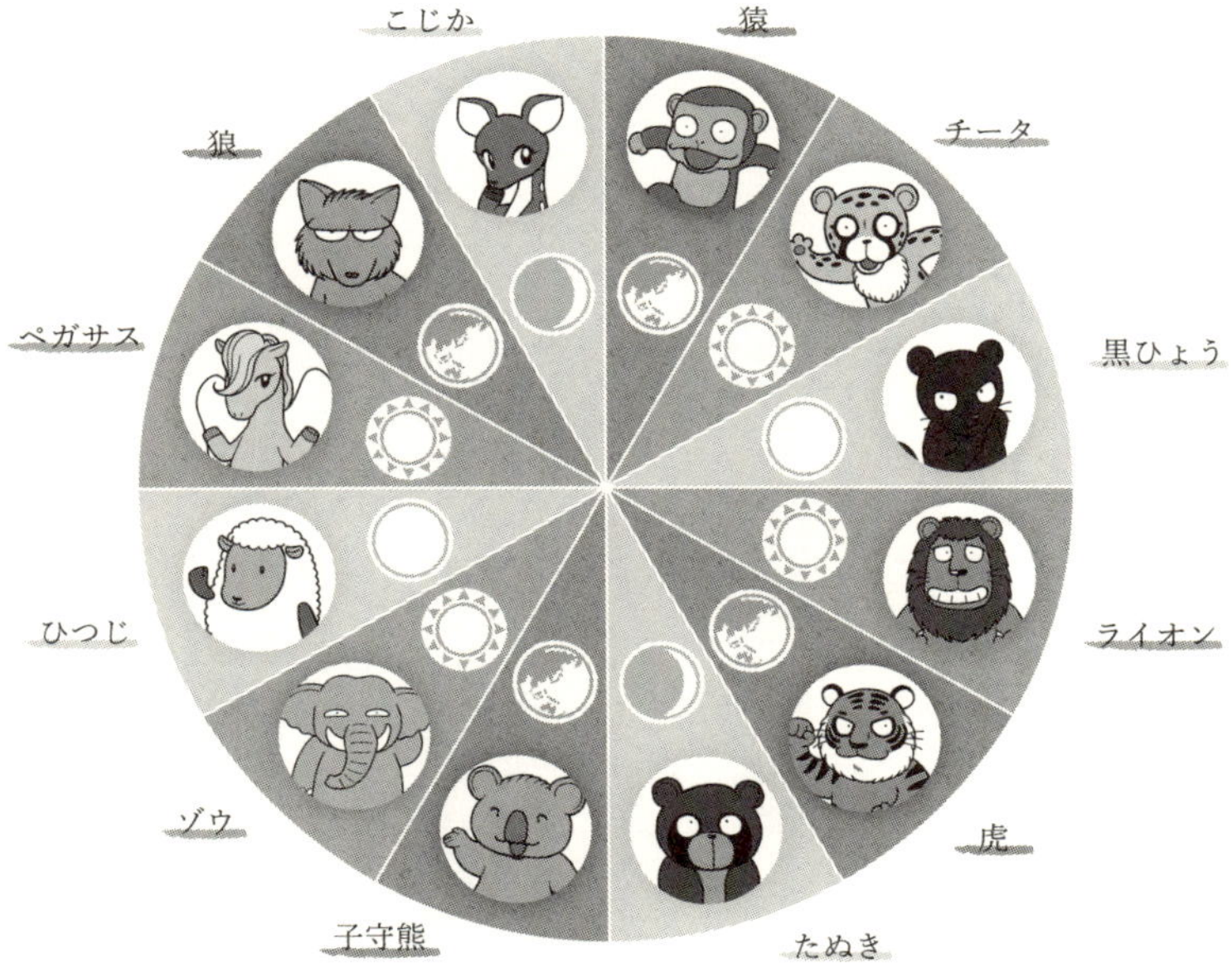

状況対応型

- 大きな方向性だけ決めれば、あとは臨機応変に対応する。
- 計画通りに進まなくてもストレスにならない。
- 仕事は期限を決められるとプレッシャーになる。
- 人間関係を重視するので、付き合いは建前から。本音は最後に言う。
- 突発的な出来事や思いがけない変更には強く、本領を発揮する。

右脳型と左脳型

右脳型　　**左脳型**

右脳型

- 精神エネルギーの高いグループ
- 想像力をたくましく働かせて鋭い感性で受け止める
- 理論ではなく、イメージで説明されると納得する

左脳型

- 経済エネルギーの高いグループ
- 現実を直視しながらデータを重視する
- イメージではなく、理論的に説明すると納得する

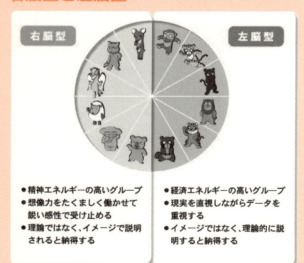

目標指向型と状況対応型

- 何事も目標を明確に定め、予定通りに行動したがる。
- 公私の区別はキッチリ。仕事とプライベートを分けて考える。
- 仕事は期限を決められないと動けない。
- 人間関係は「本音」から始まり、本音を言わない人とは付き合えない。
- 臨機応変な対応は苦手なので、予定外の事があるともろい。

未来展望型と過去回想型

未来展望型

- プラス思考の楽観論者
- 過ぎた事は気にしない
- 旅行はほとんど手ぶらの現地調達派
- 意思決定後に口を出されるとヤル気をなくす

過去回想型

- 石橋をたたいて渡る慎重派
- 過去の経験や実績を重視する
- 旅行へはあれこれ持っていく用意周到派
- プレッシャーをかけられるとヤル気をなくす

60分類キャラクター換算表

西暦／年号	1月	2月	3月	4月	5月	6月	7月	8月	9月	10月	11月	12月
1940(昭和15)年	39	10	39	10	40	11	41	12	43	13	44	14
1941(昭和16)年	45	16	44	15	45	16	46	17	48	18	49	19
1942(昭和17)年	50	21	49	20	50	21	51	22	53	23	54	24
1943(昭和18)年	55	26	54	25	55	26	56	27	58	28	59	29
1944(昭和19)年	0	31	0	31	1	32	2	33	4	34	5	35
1945(昭和20)年	6	37	5	36	6	37	7	38	9	39	10	40
1946(昭和21)年	11	42	10	41	11	42	12	43	14	44	15	45
1947(昭和22)年	16	47	15	46	16	47	17	48	19	49	20	50
1948(昭和23)年	21	52	21	52	22	53	23	54	25	55	26	56
1949(昭和24)年	27	58	20	57	27	58	28	59	30	0	31	1
1950(昭和25)年	32	3	31	2	32	3	33	4	35	5	36	6
1951(昭和26)年	37	8	36	7	37	8	38	9	40	10	41	11
1952(昭和27)年	42	13	42	13	43	14	44	15	46	16	47	17
1953(昭和28)年	48	19	47	18	48	19	49	20	51	21	52	22
1954(昭和29)年	53	24	52	23	53	24	54	25	56	26	57	27
1955(昭和30)年	58	29	57	28	58	29	59	30	1	31	2	32
1956(昭和31)年	3	34	3	34	4	35	5	36	7	37	8	38
1957(昭和32)年	9	40	8	39	9	40	10	41	12	42	13	43
1958(昭和33)年	14	45	13	44	14	45	15	46	17	47	18	48
1959(昭和34)年	19	50	18	49	19	50	20	51	22	52	23	53
1960(昭和35)年	24	55	24	55	25	56	26	57	28	58	29	59
1961(昭和36)年	30	1	29	0	30	1	31	2	33	3	34	4
1962(昭和37)年	35	6	34	5	35	6	36	7	38	8	39	9
1963(昭和38)年	40	11	39	10	40	11	41	12	43	13	44	14
1964(昭和39)年	45	16	45	16	46	17	47	18	49	19	50	20

西暦／年号	1月	2月	3月	4月	5月	6月	7月	8月	9月	10月	11月	12月
1965(昭和 40)年	51	22	50	21	51	22	52	23	54	24	55	25
1966(昭和 41)年	56	27	55	26	56	27	57	28	59	29	0	30
1967(昭和 42)年	1	32	0	31	1	32	2	33	4	34	5	35
1968(昭和 43)年	6	37	6	37	7	38	8	39	10	40	11	41
1969(昭和 44)年	12	43	11	42	12	43	13	44	15	45	16	46
1970(昭和 45)年	17	48	16	47	17	48	18	49	20	50	21	51
1971(昭和 46)年	22	53	21	52	22	53	23	54	25	55	26	56
1972(昭和 47)年	27	58	27	58	28	59	29	0	31	1	32	2
1973(昭和 48)年	33	4	32	3	33	4	34	5	36	6	37	7
1974(昭和 49)年	38	9	37	8	38	9	39	10	41	11	42	12
1975(昭和 50)年	43	14	42	13	43	14	44	15	46	16	47	17
1976(昭和 51)年	48	19	48	19	49	20	50	21	52	22	53	23
1977(昭和 52)年	54	25	53	24	54	25	55	26	57	27	58	28
1978(昭和 53)年	59	30	58	29	59	30	0	31	2	32	3	33
1979(昭和 54)年	4	35	3	34	4	35	5	36	7	37	8	38
1980(昭和 55)年	9	40	9	40	10	41	11	42	13	43	14	44
1981(昭和 56)年	15	46	14	45	15	46	16	47	18	48	19	49
1982(昭和 57)年	20	51	19	50	20	51	21	52	23	53	24	54
1983(昭和 58)年	25	56	24	55	25	56	26	57	28	58	29	59
1984(昭和 59)年	30	1	30	1	31	2	32	3	34	4	35	5
1985(昭和 60)年	36	7	35	6	36	7	37	8	39	9	40	10
1986(昭和 61)年	41	12	40	11	41	12	42	13	44	14	45	15
1987(昭和 62)年	46	17	45	16	46	17	47	18	49	19	50	20
1988(昭和 63)年	51	22	51	22	52	23	53	24	55	25	56	26
1989(平成 1)年	57	28	56	27	57	28	58	29	0	30	1	31
1990(平成 2)年	2	33	1	32	2	33	3	34	5	35	6	36
1991(平成 3)年	7	38	6	37	7	38	8	39	10	40	11	41
1992(平成 4)年	12	43	12	43	13	44	14	45	16	46	17	47

西暦／年号	1月	2月	3月	4月	5月	6月	7月	8月	9月	10月	11月	12月
1993(平成 5)年	18	49	17	48	18	49	19	50	21	51	22	52
1994(平成 6)年	23	54	22	53	23	54	24	55	26	56	27	57
1995(平成 7)年	28	59	27	58	28	59	29	0	31	1	32	2
1996(平成 8)年	33	4	33	4	34	5	35	6	37	7	38	8
1997(平成 9)年	39	10	38	9	39	10	40	11	42	12	43	13
1998(平成 10)年	44	15	43	14	44	15	45	16	47	17	48	18
1999(平成 11)年	49	20	48	19	49	20	50	21	52	22	53	23
2000(平成 12)年	54	25	54	25	55	26	56	27	58	28	59	29
2001(平成 13)年	0	31	59	30	0	31	1	32	3	33	4	34
2002(平成 14)年	5	36	4	35	5	36	6	37	8	38	9	39
2003(平成 15)年	10	41	9	40	10	41	11	42	13	43	14	44
2004(平成 16)年	15	46	15	46	16	47	17	48	19	49	20	50
2005(平成 17)年	21	52	20	51	21	52	22	53	24	54	25	55
2006(平成 18)年	26	57	25	56	26	57	27	58	29	59	30	0
2007(平成 19)年	31	2	30	1	31	2	32	3	34	4	35	5
2008(平成 20)年	36	7	36	7	37	8	38	9	40	10	41	11
2009(平成 21)年	42	13	41	12	42	13	43	14	45	15	46	16
2010(平成 22)年	47	18	46	17	47	18	48	19	50	20	51	21
2011(平成 23)年	52	23	51	22	52	23	53	24	55	25	56	26
2012(平成 24)年	57	28	57	28	58	29	59	30	1	31	2	32
2013(平成 25)年	3	34	2	33	3	34	4	35	6	36	7	37
2014(平成 26)年	8	39	7	38	8	39	9	40	11	41	12	42
2015(平成 27)年	13	44	12	43	13	44	14	45	16	46	17	47
2016(平成 28)年	18	49	18	49	19	50	20	51	22	52	23	53
2017(平成 29)年	24	55	23	54	24	55	25	56	27	57	28	58
2018(平成 30)年	29	0	28	59	29	0	30	1	32	2	33	3
2019(平成 31)年	34	5	33	4	34	5	35	6	37	7	38	8
2020(平成 32)年	39	10	39	10	40	11	41	12	43	13	44	14

60分類キャラクター対応表

01	長距離ランナーのチータ	31	リーダーとなるゾウ
02	社交家のたぬき	32	しっかり者のこじか
03	落ち着きのない猿	33	活動的な子守熊
04	フットワークの軽い子守熊	34	気分屋の猿
05	面倒見のいい黒ひょう	35	頼られると嬉しいひつじ
06	愛情あふれる虎	36	好感のもたれる狼
07	全力疾走するチータ	37	まっしぐらに突き進むゾウ
08	磨き上げられたたぬき	38	華やかなこじか
09	大きな志をもった猿	39	夢とロマンの子守熊
10	母性豊かな子守熊	40	尽くす猿
11	正直なこじか	41	大器晩成のたぬき
12	人気者のゾウ	42	足腰の強いチータ
13	ネアカの狼	43	動きまわる虎
14	協調性のないひつじ	44	情熱的な黒ひょう
15	どっしりとした猿	45	サービス精神旺盛な子守熊
16	コアラのなかの子守熊	46	守りの猿
17	強い意志をもったこじか	47	人間味あふれるたぬき
18	デリケートなゾウ	48	品格のあるチータ
19	放浪の狼	49	ゆったりとした悠然の虎
20	物静かなひつじ	50	落ち込みの激しい黒ひょう
21	落ち着きのあるペガサス	51	我が道を行くライオン
22	強靭な翼をもつペガサス	52	統率力のあるライオン
23	無邪気なひつじ	53	感情豊かな黒ひょう
24	クリエイティブな狼	54	楽天的な虎
25	穏やかな狼	55	パワフルな虎
26	粘り強いひつじ	56	気どらない黒ひょう
27	波乱に満ちたペガサス	57	感情的なライオン
28	優雅なペガサス	58	傷つきやすいライオン
29	チャレンジ精神の旺盛なひつじ	59	束縛を嫌う黒ひょう
30	順応性のある狼	60	慈悲深い虎

☆60分類キャラクター換算表及び対応表の見方

例）1976年9月13日生まれの場合　【計算方法】

1. 1976年9月のコード数を確認する。→ 52
2. コード数に生まれた日を足す。→ 52+ 13 ＝ 65
3. 合計数が60を超える場合は、合計数から 60を引く。　65 - 60 ＝ 5
4. 60分類キャラクター対応表で5を調べる。→ 面倒見のいい黒ひょう

狼の個性診断カルテ

・３分類……EARTH（しっかり者チーム）
・行動パターン……目標指向型
・心理ベクトル……未来展望型
・思考パターン……右脳型
・パーソナルスタンス……自分軸

狼の子育て３か条

1．干渉し過ぎないで！
一匹狼という言葉がある通り、一人の時間と空間が大好きなのです。むしろ「放っておいて」欲しいのです。たとえ兄弟でも、自分だけの個室を与えてください。

2．みんなと一緒を期待しないで！
自分は自分、他人は他人と割り切っているので、「みんながやってるよ」と同じことを強制しないで欲しい。少々変わったところもありますが、個性を尊重してあげてください。

3．予定をコロコロ変更しないで！
何事も計画を立てて行動したいので、親の都合で行き当たりばったりの予定変更は一番のストレスです。予定に合わせて自分なりのスケジュールを決めているので、ペースを乱さないで。

狼の子どもの特徴

・臨機応変な対応は苦手
・人まねはしたくない
・初対面ではとっつきにくい
・すぐメモをとる習慣がある
・ペースを乱されるのを嫌う
・歩くのが苦にならない
・一人だけの時間と空間が好き
・言葉足らずのところがある

やる気を引き出す魔法の言葉

「やるなら No. 1をめざそうよ！」

狼の子どもは、自分が興味を持ったことは、時間がかかっても最後まで必ずやり遂げます。自分だけのオリジナリティをとても大事にするので、他人との比較は意味がありませんし、そもそも他人の評価など気にしていません。ですから、「変わってるね！」などと他の人とは違う点を認めてあげるととても喜びます。逆に、「みんなと一緒に」などと個性を埋没させてしまうような一言はタブーです。

狼の好きなこと、得意なこと

・納得がいくまでとことん深く掘り下げて考える
・最後まで諦めずに、自分のペースでじっくり取り組む
・自分なりにひとひねりして、他の子と違ったものを作り出す
・ムダを省き、効率よくできるような仕組みを考える
・手先が器用で敏感な感性があり、専門的な技術を磨ける
・正義感を持って自分を主張できる闘争心がある
・常に No. 1を目指しているので、リーダーの素質がある

NG ワード

「どうしてみんなと一緒にできないの？」

「この色使いはなに？　もっと他の色も使いなさい」

「もっと笑顔で挨拶しなさい」

狼は、こんな子ども

周囲に合わせて行動するのが苦手な子です。一人だけの時間と空間が好きなので、単独で行動します。世間体や他人の評価は気にしないので、じっくりと時間をかけて自分独自の価値観を大切にします。そんなところから、アスペルガー症候群と疑われることがありますが、決して病気ではありません。これは、狼の子どもの個性なのです。大切に育んであげてください。物事の順序を大切にし、はっきりと筋の通った考え方をする個性派タイプなので、多少融通がきかない面もあります。行動はスローですが、一度自分で決めたことは、たとえ長い時間をかけても必ず実行します。計画性と忍耐力を持ち合わせています。

こじかの個性診断カルテ

・3分類……MOON（いい人チーム）※新月
・行動パターン……状況対応型
・心理ベクトル……未来展望型
・思考パターン……右脳型
・パーソナルスタンス……相手軸

こじかの子育て3か条

1.一人にしないで！
いつも愛情をたっぷりと浴びていたいので、放ったらかしはイヤ。個室よりも、兄弟は一緒の部屋がいい。一人でいると、無性に不安になってしまいます。

2．スキンシップを忘れないで！
ベタベタと親に甘えるのも、愛情表現。うっとうしがらないで、しっかりと受け止めて欲しい。お風呂だって一緒に入りたいし、夜も一緒に寝たい。一日に一回は強く抱きしめて欲しい。

3．話を聞いてあげて！
学校で何があったかを、一生懸命に話します。忙しいからと話を遮らないで、最後までちゃんと聞いて欲しいのです。

こじかの子どもの特徴

・駆け引きは苦手
・親しくなるとわがままになる
・初対面では警戒心が強い
・好き嫌いが激しい
・好奇心は旺盛
・行動範囲が限られている
・愛情が確認できないと不安になる
・感情を隠し切れない

やる気を引き出す魔法の言葉

「よくここまで頑張ったね！」

自分なりにコツコツとやる子ですから、努力や根性を押し付けられるのは逆効果。「よく頑張ったね」と褒められることが何よりも励みになります。こじかは、愛情を注いだ分、花を咲かせるタイプです。厳しくするよりも、スキンシップを大切にして、優しい言葉をたくさんかけてあげましょう。温かく見守ってくれる存在こそが必要なのです。

こじかの好きなこと、得意なこと

・本物に触れ、一つのことをじっくりと研究する
・嘘やごまかしのきかないものを、じっくりと作り上げていく
・自然環境の豊かな場所でのんびりと過ごす
・これからの世の中にとって、本当に必要なことを考える
・みんなが仲良くなれるように、人と人との橋渡しをする
・かわいいものや小動物を愛する優しさがある
・弱い者を助けるという正義感を持っている

NGワード

「一人で遊んでいなさい！」

「まとわりつかないでよ！」

「もう、子どもじゃないのよ！」

こじかは、こんな子ども

人見知りをするので、なかなか心を開かない臆病な面がありますが、一度信頼した相手には、自分を飾らずに見せて素直に接します。正義感の強さと義理人情の厚さを持ち、駆け引きや裏表のある対応は苦手です。周囲からとても愛される子どもです。本人も「自分は愛されているんだ」と思うと安心してすくすくと成長していけます。厳しく叱りつけると委縮して、心を閉ざしてしまいますので、多少ワガママな部分があっても、優しく包み込み、できるだけのびのびさせてあげましょう。

猿の個性診断カルテ

・3分類……EARTH（しっかり者チーム）
・行動パターン……目標指向型
・心理ベクトル……未来展望型
・思考パターン……左脳型
・パーソナルスタンス……自分軸

猿の子育て3か条

1．細かく指示してあげて！
あいまいな言葉では理解できないので、具体的に指示してあげましょう。できれば、用件を箇条書きにしたメモなどが有効です。

2．落ち着きを強制しないで！
落ち着きがなく、活発なタイプです。だから、「じっとしていなさい」は禁句です。堅苦しい雰囲気も苦手なので、ざっくばらんに接してください。

3．長期的な展望を求めないで！
何事も短期決戦が信条なので、目の前のことに全力で取り組ませましょう。将来の夢や、長期的な計画を立てさせるのはタブーです。

猿の子どもの特徴

・のせられると弱い
・堅苦しい雰囲気に弱い
・相手の目を見て話をする
・信じやすく騙されやすい
・褒められたいために頑張る
・落ち着きがない
・細かいところに気がつく

やる気を引き出す、魔法の言葉

「さすが！　やれば出来るね！」

気分を盛り上げれば、すぐにその気になってやる気が出る子です。「さすが！参った！」と感心されようものなら、もう嬉しくてたまりません。逆に、行き詰っている時に叱られると、やる気をなくしてしまいます。何事にもゲーム感覚で取り組みますので、目標をクリアしたらご褒美をあげましょう。この猿の餌付けが一番効果的なのです。

猿の好きなこと、得意なこと

・口が達者でなかなかの話し上手。みんなを楽しませる
・その場を楽しくするムードを作り、みんなから注目される
・短期決戦に強く、抜群の集中力を見せる
・相手の気持ちを読んで、先手を打って行動する
・ゲーム感覚で勝負を楽しみ、勝ったら報酬をもらう
・頭の回転が速いので、臨機応変に対応し、行動できる
・「昨日よりも今日」と日々向上していきたい

NG ワード

「ふざけないで、真面目にしなさい！」

「ジッとしていられないの？」

「足で何やってるの？」

猿は、こんな子ども

相手の考え方や出方に合わせて、臨機応変な対応が取れるサービス精神旺盛な子です。人の真似をして褒められようとするのは、猿ならではの傾向。やや背伸びをすることもありますが、それも人の役に立ちたい気持ちの表れです。短期決戦型で、自分が目指したものに集中し、他の子よりも頑張りを見せるというバイタリティもあります。基本的には素直でユーモアにあふれた可愛い子どもですが、意外とプライドが高いので、体面を傷つけられると相手に対して冷たい態度をとることもあります。

チータの個性診断カルテ

- 3分類……SUN（天才チーム）
- 行動パターン……状況対応型
- 心理ベクトル……未来展望型
- 思考パターン……左脳型
- パーソナルスタンス……自分軸

チータの子育て3か条

1．好奇心の芽を摘まないで！

時計もおもちゃもどんどん分解する。好奇心の塊のような子です。興味を持っていることに集中している時、決して叱ってはいけません。見守ってあげてください。

2．禁止用語は逆効果！

「ダメ！」と言われると、逆にやりたくなるタイプの子です。「やっていいよ」と言うと、全く興味を示しません。決して「勉強しなさい」と言わないようにしましょう。

3．継続を求めないで！

熱しやすく冷めやすいチャレンジャーです。何に対してもすぐに興味を示しますが、すぐに飽きてしまいます。幅広い可能性を認めてあげましょう。

チータの子どもの特徴

- 話も態度もデカい
- 瞬発力はあるが、長続きしない
- 常に話の中心でいたい
- 人前でカッコつけたがる
- 思い込みが激しく、お人よし
- 超プラス思考
- 欲しいと思ったらすぐ買う
- 成功願望が強い

やる気を引き出す魔法の言葉

「誰よりも出来ているね！」

負けず嫌いな子ですから「これ、出来るかな？」と挑戦意欲をあおってあげると効果があります。また、早合点から失敗してしまうこともありますが、そんな時に「慌てるからよ」などと追い打ちをかけるのはダメ。「よく頑張ったね」「大丈夫、次はこうしようね」と、次なる意欲を失わせないようにしてあげましょう。

チータの好きなこと、得意なこと

・みんなが驚くようなスケールの大きなことをする
・頭の回転の速さや記憶力が生かされること
・自分の感性に響いたものを、みんなに伝えていく
・逆境に強く、困難にも果敢にチャレンジする
・人の気持ちを見抜いて、駆け引きする
・スピード感抜群で、行動しながら考える
・カンが鋭く、何に対しても積極的に挑戦する

NG ワード

「ダメって言ってるのに！」

「一つのことに集中しなさい！」

「何時になったら帰ってくるの？」

チータは、こんな子ども

とにかく行動が機敏で利発な子どもです。自分で考えた通りに素直に行動するため、気ままなお天気屋と思われることもありますが、強い好奇心と何にでも挑戦するバイタリティの表れなのです。このバイタリティとひたむきさは天性の宝ですが、時として自分中心になってしまい、自分の考えを一方的にまくしたてて、相手を傷つけてしまうこともあります。相手の気持ちも考える心の余裕を与えてください。ちょっと見栄っ張りのところもありますが、おおらかな気持ちで見守ってあげましょう。

黒ひょうの個性診断カルテ

・3分類……MOON（いい人チーム）※満月
・行動パターン……目標指向型
・心理ベクトル……未来展望型
・思考パターン……左脳型
・パーソナルスタンス……相手軸

黒ひょうの子育て3か条

1．人前で叱らないで！
プライドがとても高い子なので、人前で叱るのはタブーです。もし叱る時は、誰もいないところで諭すように穏やかに叱ってください。

2．着るものは自分で選ばせて！
美意識が高いので、服は自分で選ばせてあげましょう。新しいモノ好きなので、たとえお姉ちゃんがいてもお下がりはダメ。安くても新しい洋服を買ってあげましょう。

3．話を途中でさえぎらないで！
会話そのものを楽しむ子なので、話の結論を急がせてはいけません。一生懸命話をしている時は、最後までちゃんと聞いてあげましょう。

黒ひょうの子どもの特徴

・ガラス細工のような繊細な心の持ち主
・メンツやプライド、立場にこだわる
・おしゃれで、新しいモノ好き
・気を使われると上機嫌
・常にリーダーシップをとりたい
・正義感、批判精神が強い
・喜怒哀楽が顔や態度に出やすい
・モノトーンが好き

やる気を引き出す魔法の言葉

「カッコいいね、きっと出来るよ！」

黒ひょうにとっては、カッコいいか、カッコ悪いかは大問題。まずは上手に褒めるところから。できるだけ、人の前で褒めてあげましょう。みんなに自慢したい子なので、大喜びです。ただ、「大丈夫？」と優しく気を使ってあげると上機嫌になって、もっと頑張ろうと努力します。

黒ひょうの好きなこと、得意なこと

・最先端のオシャレを楽しんだり、スマートにカッコよくキメる
・みんなが仲良くなれるように、人間関係の潤滑油となる
・リーダーシップをとって、みんなをまとめていく
・毎日新しい発見があり、自分のためになること
・最新の情報やトレンドに敏感で情報通である
・趣味や習い事を通じて、自分を磨いていきたい
・しっかりと自己主張して、みんなの注目を集めたい

NG ワード

「〇〇ちゃんを見習いなさい！」

「着られれば何でもいいのよ！」

「忙しいから、話しかけないで！」

黒ひょうは、こんな子ども

ちょっとすましていて、服装にも細かく気を使うおしゃれさん。わりと早熟な子どもで、振る舞いそのものも、子どもとは思えないほどスマートです。マナーもよく心得ていて、大人っぽい一面もあります。流行にも敏感で、お友達の間では情報通として重宝がられます。自己顕示欲も強いので、周囲からは一目置かれた立場となるでしょう。でも、内心はみんなと強調しながら仲良くやっていきたいと思っています。よく気がつく、心優しい子どもです。

ライオンの個性診断カルテ

・3分類……SUN（天才チーム）
・行動パターン……状況対応型
・心理ベクトル……過去回想型
・思考パターン……左脳型
・パーソナルスタンス……自分軸

ライオンの子育て3か条

1．褒めてあげて！
プライドの高さはNo. 1なので、上手に褒めてあげましょう。自尊心を傷つけるような言動は、たとえ親といえどもタブーです。

2．不安を取り除いてあげて！
強がっていても、実は内心では不安でいっぱいなのです。笑顔で悩みを聞いて、不安を取り除いてあげましょう。甘えられるのは母親だけなのですから。

3．着るものにこだわらせて！
服装にはうるさいので、着られるなら何でもいいという考えではダメです。外では見栄を張りたいので、さりげなくブランド品を着せてあげましょう。

ライオンの子どもの特徴

・礼儀礼節にうるさい
・その道の超一流を目指す
・徹底的にこだわる
・数字や計算に弱い
・人前では決して弱音を吐かない
・家の中と外での落差が大きい
・特別扱いに弱い
・人が言ったことをよく覚えている

やる気を引き出す魔法の言葉

「スゴイね！　きっと上手くいくよ！」

リーダーシップはありますが、生来真面目で完璧主義者なため、人前ではプレッシャーを感じてしまいます。緊張しているライオンには「お母さんも、こういう時は緊張したわ。でも、やってみたら案外上手くできるものよ」と、体験話を交えて励ましてあげましょう。もし仮に失敗しても、おおらかに受け止めてあげてください。褒めて伸びる子どもです。

ライオンの好きなこと、得意なこと

・スケールが大きくて「スゴイね～！」と褒められること
・自分が周囲の大人たちに認めてもらえること
・人を集めて、権威と力で自分の派閥を作ること
・社交性を発揮して、リーダーシップをとる
・自分の得意な分野で表彰状をもらうこと
・年長者を立てて敬意を払うことができる
・つらい時でも、決して弱音を吐かない強さがある

NGワード

「バカね！」

「これが終わってからね！」

「本心を言いなさい！」

ライオンは、こんな子ども

人前では、礼儀正しく真面目で、クールな印象の優等生。ちょっと面白みに欠けますが、努力を顔に出さない忍耐強さをもっています。ただ、謙遜はするものの、おだてには弱く、褒められるとすっかりその気になってしまいます。外では強がっていいところを見せようと張り切っていますが、家ではお母さんに甘えたい甘えん坊です。これは、自分の中のバランスをとっているのですから、多少家の中でダラダラしていても、叱らずにわがままを受け止めてあげましょう。計画性がないのも気になりますが、臨機応変な対応力は見事です。

虎の個性診断カルテ

・3分類……EARTH（しっかり者チーム）
・行動パターン……目標指向型
・心理ベクトル……過去回想型
・思考パターン……左脳型
・パーソナルスタンス……自分軸

虎の子育て3か条

1．言い方に気をつけて！
話の内容より、相手の「言い方」にカチンときます。特に、語尾に気をつけなくてはなりません。たとえ親でも「そんな言い方ないでしょ」とへそを曲げてしまいます。

2．決断を急がせないで！
じっくりと考えてから決断したいと思っていますので、急がせてはいけません。決断には時間がかかりますが、決めると徹底的に頑張るので、気長に待ちましょう。

3．本音で話して！
何でも本音で話をしたいので、言葉も直球勝負です。もって回ったような言い方では納得できませんし、イライラしてしまいます。

虎の子どもの特徴

・さりげなく計算高い
・笑いながらキツイ一言をいう
・バランス感覚が抜群
・カラフルな色が好き
・常に自分が正しいという思い込み
・自由・平等・博愛主義
・器用貧乏で何でも自分でやらないと気がすまない
・面倒見がよく親分肌

やる気を引き出す魔法の言葉

「ちゃんと目標が達成できたね。偉いね！」

難しい課題も「やりとげれば自分の糧になる」と思えばやる気を出す子どもです。何事にも計画性をもって行動し、立てた目標は何が何でも達成しようと努力します。ですから、目標を達成した時には、しっかりと褒めてあげましょう。そして、さりげなくご褒美をあげると、もっと頑張ろうと努力します。頑張り屋さんで、自分にも他人にも厳しいので、時に親の方がやり込められることも。約束を破ったら、信頼関係が崩れてしまいますから要注意。

虎の好きなこと、得意なこと

・自分の限界まで精一杯頑張って、成果を出す
・偉人の伝記や歴史ものの本を読む
・バランス感覚が抜群で、偏りがない
・ムダが嫌いなので、お金の管理もしっかりしている
・上下関係をしっかりと分けて組織を作る
・数字に強く、何でも几帳面にこなすので間違いがない
・誰に対しても、思っていることをハッキリ言える

NGワード

「臨機応変にやりなさい！」

「バランスが悪いわね！」

「おまえはね～！」

虎は、こんな子ども

落ち着いていて、動じない雰囲気をもった子どもです。謙虚で大人しそうに見えても、実は社交的で人の面倒見がよく、自然とリーダーに祭り上げられてしまうタイプです。決してでしゃばるわけではありませんが、自分をアピールするのが上手で、周囲の信頼も厚いです。言動のバランスもいいので、見ていても安心感があります。でも、人に気づかれないような計算が働いていて、ちゃっかりした一面も持っています。

たぬきの個性診断カルテ

・3分類……MOON（いい人チーム）※新月
・行動パターン……状況対応型
・心理ベクトル……過去回想型
・思考パターン……左脳型
・パーソナルスタンス……相手軸

たぬきの子育て3か条

1．上手に聞き出してあげて！
なかなか本心から自分の気持ちを言わないので、誤解されることも多いようです。顔色やしぐさから、本当はどうしてもらいたいのかを察してあげましょう。

2．忘れ物のチェックをしてあげて！
「ハイ！」と返事はいいのですが、ついつい後回しにすることが多いので、どうしても忘れ物が多くなってしまいます。寝る前に、明日の荷物のチェックを忘れずに。

3．計画通りに行動させないで！
常に周囲の状況を見ながら、臨機応変に対応する世渡り上手です。思いつきで行動することも多いので、ルールで縛らない方が将来大物になるでしょう。

たぬきの子どもの特徴

・年上の人からかわいがられる
・根拠のない自信がある
・天然ボケの人が多い
・古いものが好き
・忘れ物が多い
・返事だけはいい
・究極の逸品に弱い

やる気を引き出す魔法の言葉

「あなたのことは、わかっているわよ！」

なかなか本音で自分の気持ちを話すことができないので、「わかっているよ」という魔法の言葉で、たぬきの子どもは、言いようのない安心感に包まれるのです。また、何事にもスロースターターですが、やり始めたら驚くほどの集中力で、最後までやり抜く根性の持ち主でもあります。追い込みに入ってきたら、「あと30分でやっちゃおうね」「あと一息だね」と背中を押してあげましょう。

たぬきの好きなこと、得意なこと

・「和」を大切にするので、喧嘩の仲裁をする
・期限に追いつめられると底力を発揮する
・伝統やしきたり、歴史や文化を愛する典型的な日本人
・足りない時のリスクを考えるので、何でも多めに用意する
・いつも全体の調和を考えてから行動する
・「はい、わかりました！」と返事がとてもいい
・こじつけや語呂合わせが得意

NGワード

「また忘れ物をしたの！」

「ちゃんと用意はできてるの？」

「黙って食べなさい！」

たぬきは、こんな子ども

天真爛漫でゆったりとした穏やかな性格の子です。友達も多く、誰からも愛されるキャラクターです。たぬきだけに、どんな人にも変幻自在に対応し、誰とでも合わせることができます。堅実で従順な顔と、大胆で自由奔放な面を併せ持っており、大人にも臆することなく普通に接します。でも、結構頑固な一面も持っていて、「はい、はい」と言いながらも自分のペースで物事を進めていきます。

子守熊（コアラ）の個性診断カルテ

・3分類……EARTH（しっかり者チーム）
・行動パターン……目標指向型
・心理ベクトル……過去回想型
・思考パターン……右脳型
・パーソナルスタンス……自分軸

子守熊（コアラ）の子育て3か条

1．健康管理をキチンとしてあげて！
小さい頃は身体が弱い子が多いので、季節の変わりめなどには最新の注意を払ってあげてください。特に喉が弱いので、冬は加湿器が欠かせません。

2．昼寝をさせてあげて！
夜は強いけど、朝が弱いので、ちゃんと昼寝をさせてあげましょう。睡眠不足は、子守熊の大敵です。ボーっとしている時間がないと、頑張れません。

3．やんちゃは大目にみて！
サービス精神旺盛なので、来客があると俄然張り切ってしまいます。学校でも、みんなを笑わせる天性のセンスの持ち主なので、人気者です。

子守熊（コアラ）の子どもの特徴

・計算高く、疑り深い
・嘘がバレた時の言い訳が上手い
・あとからあれこれ悔やむ
・一見大人しい人が多い
・ボーっとしている時間が必要
・負ける勝負はしない
・常に最悪のケースを考えてから行動する
・サービス精神が旺盛

やる気を引き出す魔法の言葉

「ゆっくりでいいから、もう一息頑張ってね！」

何でも自分のペースで頑張ってやり抜くタイプですが、スロースターターなので、周りが少々気をもんでしまいます。「最後に勝てるのは、自分だ」という自信があるので、後半のラストスパートには目を見張るものがあります。将来の夢などを熱く語らせると、目をキラキラと輝かせて頑張ります。将来は、南の島でボーっと暮らすのが夢です。

子守熊（コアラ）の好きなこと、得意なこと

・常に長期的な展望にたって物事を考えられる
・感情の表現や音楽的な芸術的なこと
・物を大事にするので、与えられた物をいつまでも使い続けられる
・大きな夢を描いて、その夢を実現させるために頑張れる
・ムダを省いて効率よく成果を出す
・お風呂など、リラックスできる空間でボーっとする
・サービス精神が旺盛なので、人に喜んでもらう

NG ワード

「何、ボーっとしてるの！」

「テキパキと行動しなさい！」

「寝てばっかりいないで！」

子守熊（コアラ）は、こんな子ども

一見おっとりして見えますが、周囲を見ながらさりげなく自分らしく振る舞うことができる子です。いつもボーっとしているのが気になるかもしれませんが、ゆっくり休む時間がないと次の活動ができないタイプなのです。意外と闘争心が強く負けず嫌いの一面があり、自分の弱みは決して見せませんが、困った人を見過ごせない世話好きで、情に厚いところもあります。現実離れした夢を見るロマンチストでもありますが、自分にとってのメリットとデメリットを瞬時に見極めるカンの持ち主です。

ゾウの個性診断カルテ

・3分類……SUN（天才チーム）
・行動パターン……状況対応型
・心理ベクトル……過去回想型
・思考パターン……右脳型
・パーソナルスタンス……自分軸

ゾウの子育て3か条

1．待たせないで！
思い立ったら吉日のようなタイプなので、じらされたり、待たされたらキレてしまいます。「今すぐ」がキーワードです。

2．無理に聞かせてもダメ！
人の話はほとんど聞いていませんが、叱らないであげてください。話を聞かせる時は、小声で話すのがポイントです。

3．話を否定しないで！
話が大きいからと、「また、そんなことを言って！」などと否定してはいけません。小さな世界や現実的な話には興味がないのです。

ゾウの子どもの特徴

・その道のプロを目指す
・キレたときは、最も怖い
・努力している姿を見られたくない
・ダメだと思ったものには挑まない
・人の話を聞かない
・根回しが得意
・細かい計算ができない
・常に何かに打ち込んでいたい

やる気を引き出す魔法の言葉

「スゴイね〜！　努力が実ったね！」

やり始めたら、凄い集中力でやり遂げます。「スゴイね！」「よくここまで努力したね！」と心から褒めてあげましょう。どんなご褒美よりも、誉め言葉が最大の評価となります。手とり足とり教えるよりも、少し遠いところから温かく見守ってあげた方が効果的です。外国にとても興味があるので、小さいうちに家族で海外旅行に連れていくのもいいでしょう。将来世界を股にかけて活躍する大人物になるかもしれません。

ゾウの好きなこと、得意なこと

・自慢できるようなスケールの大きなことを成し遂げる
・今日やるべきことは、何が何でも今日のうちにやり遂げる
・一を聞いて十を知る、のみ込みの速い子
・自分の仲間を集めて、自然と派閥を作ってリーダーとなる
・何も言わなくても、相手の考えていることが理解できる
・人に尽くすことで、自分を大きく成長させる
・外国映画が好きなので、英語を習得するのが早い

NG ワード

「ちゃんと話を聞いてるの？」

「もっと努力しなさい！」

「しばらく待っててね」

ゾウは、こんな子ども

不言実行で、やると決めたら脇目もふらずコツコツと最後までやり遂げる頼もしさがあります。何かに秀でるためには、決して努力を惜しみません。しかし、親から言われるとやる気をなくすので、自分で決めたことには凄い集中力を発揮します。身体が大きなゾウのイメージですが、実はとても繊細なハートの持ち主で、芸術的なセンスは大人顔負けです。放任主義で育てた方が、のびのびとした大らかな青年に成長します。褒めて育ててあげれば、可能性と才能が開花するでしょう。

ひつじの個性診断カルテ

・3分類……MOON（いい人チーム）※満月
・行動パターン……目標指向型
・心理ベクトル……過去回想型
・思考パターン……右脳型
・パーソナルスタンス……相手軸

ひつじの子育て3か条

1．お友達を大切にしてあげて！
お友達をとても大切にする子です。家にも、お友達を呼んであげたいのです。そんな時、お母さんが友達も可愛がってくれたら、それはもう自慢なのです。

2．長い話をさえぎらないで！
無類の話好きなので、もう話し出したら止まりません。何度も同じ話を繰り返しますが、根気強く聞いてあげてください。

3．収集癖を叱らないで！
とにかく、何でも集めたがります。特に、シリーズものには目がありません。でも、それは本人にとっては大切な思い出なのです。

ひつじの子どもの特徴

・気配りができる
・約束は絶対に守る
・好き嫌いが激しい
・お金を貯めるのが好き
・ぐち、ぼやきが多い
・お友達から相談されると嬉しい
・ハッキリものが言える
・和を乱す人は嫌い

やる気を引き出す魔法の言葉

「いつも、気を使ってくれてありがとう！」

人のために尽くせる子どもですから、いつも周囲に気を配っています。そこをわかってもらえると、さらに気配りのできる素敵な子どもに成長します。また、信頼されるとやる気が出るので、「あなたのやることなら、信じられるわ」という言葉が何よりの原動力になります。何か頼む時も、命令口調はダメ。お願いや相談口調で話をすると「任せて！」とばかりに張り切ってやってくれます。

ひつじの好きなこと、得意なこと

・みんなと一緒に力を合わせて物事を成し遂げる
・コレクションやスクラップなど、いろいろなものを集める
・友達の輪を大事にするので、喧嘩の仲裁が得意
・「世のため、人のため」が口癖で、人の役に立とうとする
・お金には几帳面で、金銭感覚に優れている
・いじめられている人を放っておけず助けてあげる
・損得を考えずに人に喜んでもらえるように頑張る

NG ワード

「友達とばっかり遊んで！」

「用件だけ言ったら、電話を切りなさい！」

「みんなって、いったい誰？」

ひつじは、こんな子ども

誰にでも優しく、控え目な子どもで、ルールをきちんと守ります。誰にでも調子を合わせられる社交家で、とても感じのいい子です。お友達もたくさんいますが、実は好き嫌いは激しいのです。外で気を使っている分、家では甘えん坊でわがままな面が出てしまいます。なかなか本当の自分を出しませんが、ついついぐちやぼやきが多くなってしまいます。理想もプライドも高いのですが、その分堅実に努力する頑張り屋さんです。

ペガサスの個性診断カルテ

・3分類……SUN（天才チーム）
・行動パターン……状況対応型
・心理ベクトル……未来展望型
・思考パターン……右脳型
・パーソナルスタンス……自分軸

ペガサスの子育て3か条

1．束縛しないで！
自由奔放なペガサスは、それこそ自由放任主義で放し飼いのように育てるのがコツ。いちいち干渉しては、せっかくの才能の芽を摘んでしまいます。

2．褒めまくってあげて！
気分屋なので、気持ちもコロコロと変わります。叱って育てるよりも、褒めて上手に育ててあげましょう。ペガサスの羽をもぎとらないであげてください。

3．空想癖をとがめないで！
天才的なカンとヒラメキの持ち主です。空想しているようで、実は神様と会話しているのかもしれません。素晴らしい感性を伸ばしてあげましょう。

ペガサスの子どもの特徴

・束縛されたくない
・社交辞令の天才
・大げさな人が多い
・長所はずば抜けているが、あとは平凡
・人を使うのがうまい
・一番、面倒くさがり屋
・いちいち細かく指示されるとダメ
・うなずきながら、他の事を考えている

やる気を引き出す魔法の言葉

「スゴイ！　さすが！　カッコいい！」

目立つことや褒められることが大好きなペガサスは、褒めて、褒めて、褒めまくってあげてください。思いつく限りの褒め言葉を投げかけてあげましょう。恥ずかしがることもなく、素直にその言葉を真に受けて、さらに頑張ります。叱ったり、ダメ出しはタブーです。自由にのびのびと育ててあげてください。天才中の天才なので、将来は大人物になる可能性を秘めています。それは全てお母さん次第です。

ペガサスの好きなこと、得意なこと

・ピンとくる感性はピカイチで、変化に敏感に対応することができる
・ムードメーカーなので、周囲を明るくハッピーにさせる
・自由気ままにどこへでも気軽に出かけていける
・天才的なヒラメキで、誰も想像できない事を成し遂げる
・イベントや学芸会などのお祭りごとが大好きで、ハッスルする
・社交的で人の気持ちを惹きつけるのが得意で、リーダーとなれる
・世界に通用する大人物になるために頑張る

NG ワード

「お天気屋だね～」

「キチンと計画を立てて！」

「何を言ってるか、わからないわ！」

ペガサスは、こんな子ども

自分の感性のまま生きようとしていますし、感じたままに行動します。それが、他の人にとって意味のないことでも平気です。子どもの頃から華やかな雰囲気を漂わせ、学校でもとても目立つ存在で、結構、ファンが多いのです。頭のキレも抜群で、たいして勉強もしないのに、テストで高得点をとったりします。気分屋で言うこともコロコロ変わるので、なかなか人に理解されにくいところもありますので、こんな時はお母さんが一番の味方になってあげてください。将来が楽しみな子どもです。

特別寄稿

動物園に繋がる

日置岳人

はじめに――開園前の巡回

私が東武動物公園を運営する東武レジャー企画㈱の社長に就任したのは２０１３年のことです。もともとは東武鉄道㈱に入社しましたので、今はまだそちらに籍があって出向という形になっています。ちなみに現職の前は、同じ東武グループにあったレンタカー会社の社長でした。鉄道会社は大小の差こそあれ、その多くが多角化をしています。もともと自分の意思に関わりなく転職させられる（さまざまな職種、業種に携われる）可能性があることに面白みを感じての入社でしたので、まさにこれまでは希望どおりにさまざまな仕事をさせてもらっています。

当社に来てからは、先代の嶋田勇治郎社長に倣って開園前に自転車で園内を巡回することにしています。悪天候の時は別として、特に春や秋といった季節は何とも清々しい気持ちがします。お客さまが入園される前なので実に静かですし、空気が美味しく感じられます。先日ＮＨＫの連続ドラマ「半分、青い。」で、佐藤健さん演ずる律くんが「はめ殺しの窓のオフィスは苦手」と言っていましたが、最近その気持ちが良くわかるようになってきました。この会社に来る前の約30年間は、はめ殺しの窓を背に仕事をしていても何の違和感もなかったのに不思議ですね。

私がいる事務所から園内に出るとまずは遊園地エリアがあります。早朝から係員が入念な安全点検と周辺整備をしています。その邪魔をしないように「おはよう」と声を掛けますが、そこにはいろいろな思いがあります。

当社の企業理念は「全てのお客さまに感動を提供する」ですが、その前提は「安心して過ごせる場所」です。遊園地の乗りものにしても動物園の猛獣などの管理にしても、私たちお迎えする側が安全を守って、来園されるお客さまが安心して過ごせると感じていただいて、そこにはじめて感動が生まれます。ですから「おはよう」には「今日もお客さまに喜んでいただけるように元気に明るくやろう」という気持ちに加えて、「今日も1つひとつルールに則って無事故で1日を終えよう」という願いを込めています。

さて、遊園地エリアを過ぎると動物の放飼場が見えてきます。これから先は動物園エリアを順番に巡りながら、そこにいる動物にまつわる話を進めていきたいと思います。

動物の搬入と搬出——キリン

キリンは当園のアフリカサバンナにいます。今はオスのホープくんとメスのティナちゃん、ナツコちゃんの3頭がいます。

ホープくんが東武動物公園に来たのは私が着任する前年のことです。最近ではすっかり青年になりましたが、初めて会ったときはまだ子どもこどもしていました。ある時、柵の近くで草を食んでいるところに出くわしたので、スマホの自撮りで一緒に写真を撮ろうと後ろを向いた途端、後頭部を舐められたこともあります。彼の来園当時には年上のメスがいましたので、ホープくんにはいずれ彼女との間に2世誕生を期待していたのですが、彼がおとなになる前に突然死んでしまいました。

その後アメリカからやってきたのがティナちゃんです。おっとりとしたいかにも西洋のお姫さまのような女の子がやってきました。

話は逸れますがここで問題です。ティナちゃんがアメリカから来たときの移動手段は何だったでしょうか。

答えは飛行機です。JALカーゴに1機だけ屋根を取り外せる飛行機があって、キリンは外に頭を出してやって来る……というのは真っ赤なウソですが、通常の貨物機を使いますのでまだ身体が大きくなる前の子どもでなければ日本に来られないんですね。

一方のナツコちゃんは北関東の動物園からトラックに乗ってやってきました。ティナちゃんより活発でおてんばな感じです。当園で生まれたホワイトタイガーとの交換でやってきました。

国内の動物園間では、よく動物の交換や貸し借りをします。これは血統の違うもの同士で繁殖を目指したり、展示動物のバリエーションを増やしたり、また飼育係の新たな飼育技術の向上が目的だったりします。大型の動物、人気があって集客力がある動物などは経営資源という観点から固定資産に計上します。購入した場合はその費用が簿価となります。一方で法律上はどの動物がいくらという決めがないので、園内で生まれた動物は過去の事例を参考にしながらおおよその価額を「えい、やっ」と決めてしまうのです。そのため当社では、ほぼ同い年のティナちゃんとナツコちゃんの帳簿価額が1ケタ違ってしまっています。

いつか会ったことがある誰か――ミナミシロサイ

キリンたちがいる広場の前にミナミシロサイのヨシコさんがいます。2年前に長年連れ添ったオスのガンテツが亡くなって寂しくなってしまいました。

担当の飼育係に叱られてしまいそうですが、以前はサイに関してあまり興味を持っていませんでした。しかしヨシコさんも結構な高齢なので、相方がいなくなったことが原因で弱ってしまうのではないかと気になり始めました。しかしこれまでのところ食欲も旺盛でとても元気そうです。

こうして毎日ヨシコさんを見るようになってふと思い出したことがあります。私の母方の祖母の名前が芳子さんでした。もう30年以上前に亡くなったのですが、私が唯一の孫だったこともあって4人の祖父母の中では一番甘やかしてくれたような気がします。ふくよかな風貌をしていた祖母・芳子さんの姿が、ある日突然目の前にいるヨシコさんと重なって見えるようになりました。

サルの仲間のように人間に近い動物ばかりでなく、一瞬の動作や風貌などが身近な「誰かと似ているなあ」と思うことはありませんか。集団の中にいてもマイペースなやつとか、食事中でもどことなく落ち着かない子とか……動物園ではそんな視点で動物を観るのも面白いかもしれません。

「ヨシコおばあちゃん、今日もたくさん食べていつまでも元気でいてね。」

生きる目的――ダチョウ

キリンやミナミシロサイがいるアフリカサバンナには、オスのダンくん率いるダチョウの群れがあります。ダンくんのほかにはメスが5羽。まさにハーレム状態です。ダンくんはさすがに唯一のオス、群れのリーダーらしく、私が自転車で近づくと並走するように放飼場を駆けてけん制してきます。

そのダンくんは発情期になるとメスを追いかけまくります。私なりの観察によると、まずはメスがエサをつまんでいる後ろに忍び寄り、左右の翼を大きく広げて地団駄を踏むように激しくステップします。と同時に広げた翼の後ろ側で首を左右に大きく振ります。いわゆる求愛ダンスなのでしょうが、軽やかなダンスというより自分の力強さを全身の動作で誇示しているようです。気のないメスは全く反応を示しませんが、ダンくんの気持ちに応えようとするメスは長い脚を折りたたんでその場に座り込みます。するとダンくんは彼女の背中に乗っかって、やはり翼を広げたまま一層大きく首を左右に振ります。時には「んがっ」という声が聞こえたりします。交尾後ダンくんが立ちあがりその場を去っても、メスは大事なものをお腹に抱えたためかしばらく動こうとしません。

さまざまな動物たちの生態を見るにつけ、動物は子孫を残すことだけを本能に埋め込まれて生きているのではないかと思うようになりました。縄張りを守るために争うことも、必死でエサを求めることも自分が生きるためです。ではなぜ生きようとするのかというと、それは種の保存=自分の子孫を残すことを唯一の目的としている、と感じずにはいられません。

逆に言えば、自分自身の人生の目的を自分で設定できたり、さまざまな事柄に感情を動かして幸せを感じられたりすることが、人間が他の動物たちと決定的に違う部分なのではないでしょうか。私たちは、その人間だけに与えられた特権をありがたく活かさなければもったいないですね。

神様——ホワイトタイガー

当園で最も人気がある動物はホワイトタイガーです。ホワイトタイガーは正式にはベンガルトラ白変種といって、いわゆる本来の黄色と黒の縞模様だったものから、ある時突然変異により白と黒（茶色）の模様のベンガルトラが産まれたものです。一説には「氷河期に身を守るため周囲の色と同化した」とも言われていて、いわゆるアルビノ（色素の欠乏）とは異なります。

初めてホワイトタイガーが当園にやってきたのは２００３年のこと。関西の阪急電鉄グループが運営していた宝塚ファミリーランドの閉園に際して、当時飼育していたホワイトタイガーのリュウくんが当園に引き取られてきたのが始まりです。それ以後海外や他園から新たな個体を受け入れて、ホワイトタイガーは当園のシンボル的な存在となり、２０１３年、２０１５年にはそれぞれ４頭ずつの赤ちゃんも誕生しています。現在では、両親と１回目の出産で生まれたスカイくんの３頭を２つの放飼場で交互に展示しています。

ホワイトタイガー＝白虎は中国の神話上「青龍」「朱雀」「玄武」と並んで天の四方の方角を司る神として崇められています。当園でも搬入時に利用した移送箱を使って、ホワイトタイガーがいるキャットワールドに白虎神社という小さな祠を建てました。当園にとっても白虎は守り神であり、また商売繁盛に繋がる幸運の神といえる存在です。

多様な価値観——カバ

東武動物公園といえば、カバが大好きだった初代園長の西山登志雄氏・通称「かば園長」が有名でしたので今でもカバは人気動物です。毎年６月４日から始まる「歯と口の健康週間」には歯医者の先生に来ていただき、開くと最大１５０度という口の中をジャンボ歯ブラシで歯磨きをするといったイベントでも活躍中です。

ところでカバがいるプールの水はいつも濁っています。今日すべてを入れ替えても明日にはもう茶色くなって、２〜３日経てば水中に潜ってしまうとその姿を見ることすらできないほどになります。これはカバが水中にフンをまき散らして自分の居場所を作っているからです。水の透明度が高いと敵からすぐに見つかってしまいます。ひょっとすると自分の臭いがする水の中にいる方が安心できるということもあるのかもしれません。

私たちもこうしたカバの生態を知っていただくと同時に、水の濁りの理由を掲示するなどしてご説明しているのですが、茶色く濁った水を見て「カバさんがかわいそう」「動物を虐待するな」と言われるお客さまもいらっしゃいます。私たちも、できれば水の中にいるカバの姿を観ていただきたいと思います。しかしカバとしてはこの茶色く濁った水の中の方が生きやすいようなので何とも悩ましいところです。

動物が好む環境はそれぞれで、人間が快適だと思う環境が必ずしもそうではなく逆もまた真なりです。東武動物公園だけでなく各動物園とも、限られた条件下で動物たちにはできるだけ生きやすい場所を提供する努力をしています。相手を思いやる心、気遣う気持ちはとても大切ですが、人間の多様な価値観を認め合うように、動物にもその種ごとに違うものさしがあって生活していることを知っていただきたいと思います。

先入観の反省——ペンギン

東武動物公園では、2017年にテレビアニメ「けものフレンズ」とのタイアップイベントを実施しました。「けものフレンズ」には、擬人化されたさまざまな動物たちがキャラクターとして登場します。番組の中では、その回ごとに登場するキャラクターのモデルとなった動物について、各地の動物園の飼育係が解説するコーナーがありました。当園の飼育係が何人かこの解説に参加した縁もあり、登場するキャラクターを描いた看板をその動物の放飼場に掲出しました。また番組で解説をした飼育係が、担当する動物をライブでガイドするイベントを行ったところ大盛況となりました。

その際、ペンギンの放飼場に置いたキャラクター看板の前にずっと佇み、それを一心に見つめるオスのフンボルトペンギン・グレープくんがいました。この様子がネット上で「恋するペンギン」などと話題になり、イギリスのBBC放送からも取材を受けるなどグレープくんは一躍スターダムにのし上がりました。

こうしたイベントやグレープくん人気もあって、東武動物公園ではこれまであまり見かけることのなかった「20代・男子・おひとりさま」という風情のお客さまを見受ける機会が増えました。新たな顧客の開拓というわけです。男性を中心としたこのファンの方々は、もともと「けものフレンズ」をきっかけに来園されて関連イベントへの参加やグッズの購入などをされていました。しかししばらくすると飼育係との会話や動物そのものにも関心を持っていただき、現在では少なからぬ方に年間会員にも加入していただいています。

正直なところ、かなりディープな世界（＝オタク？）に身を置いているらしい彼らのことを、当初は遠巻きに見ている感じだったのですが、当たり前のことながら人に迷惑をかける訳でもなく、周囲の家族連れのお客さまにも配慮をしながら純粋に楽しんでくださる様子を見るにつけ「先入観を持って人と距離をつくってはいけないなぁ」と反省している次第です。

ファンのみなさん、すみませんでした。

飼育係の仕事――オットセイ

東武動物公園では、動物たちを引き連れて（歩けない動物は電動カートを改造したパレードカーに乗せて）園内をめぐる「ふれあい動物パレード」を約30年にわたって続けています。近年ではさまざまな鳥のフライトを間近にご覧いただく「バードショー」、夏には氷で固めたエサにホンドタヌキが集まる「冷しタヌキ」、冬にはサル山の池で「ゆず湯（露天風呂）」などさまざまな動物イベントを実施しています。

そんな中でも、夏の夕暮れ時に行う「打ち水オットセイ」という人気イベントがあります。オットセイやアザラシをプールから観客通路まで連れ出して、お客さまにも手伝っていただいてホースや柄杓で水をかけるというもので、動物たちばかりでなく飼育係もお客さまもみんな水浸し。その横でオリジナルTシャツを売っているところが民間企業の抜け目ないところですが、こうした参加型のイベントは大いに喜ばれています。

動物園は、施設を整えてそれぞれの動物たちに本来のイキイキとした生活を送ってもらい、お客さまにはその動物が抱える種の保存や環境問題にも関心を持っていただく、そういうきっかけをつくる場所だと考えています。その動物とお客さまの橋渡し役を担うのが飼育係の使命です。従って当園の飼育係の仕事は、動物たちの生活の場を改善し餌やりなどの世話をするだけではありません。お客さまに正しく伝えるコミュニケーション能力も必要になるので、原則として一定の年数は遊園地部門で接客を経験してから、飼育の職場に異動するようになっています。

母親の愛――アビシニアコロブス

今春リニューアルオープンしたモンキーワールドでは、８種類のサルたちを観ることができます。シロテテナガザルは高い場所をブラキエーション（腕渡り）で移動し、マントヒヒは隣の放飼場に置かれたエサをめがけて渡り廊下を集団でダッシュします。

そのモンキーワールドにアビシニアコロブスという白と黒のコントラストが美しい種類のサルがいます。この夏に赤ちゃんが生まれました。大人になると白黒の2色になるアビシニアコロブスですが子どもの頃は全身が真っ白です。先日、巡回中にお母さんに抱かれた純白の子どもが見えたので、思わずポケットからスマホを取りだし写真を撮ろうとした瞬間、お母さんが子どもを抱きなおして私の視線を遮ってしまいました。それまではガラス越しに子どもの姿を見せていたのに、何か危害を及ぼす道具を取り出したと思ったのかもしれません。母親が子どもを守ろうとする気持ちは人間も動物も一緒ですね。

話は違いますが、メスのアルパカ・コナユキちゃん。以前は私が自転車で近づくと傍に寄ってきて、頭から首筋まで撫でまわしてやると気持ちよさそうにしていました。ところが昨年、娘のましろちゃんが生まれてからは私が近くに行っても見向きもしません。やはり母親の自覚が出て、他所のオトコには目もくれなくなったということでしょうか。

動物と人間が共存する社会――ホタル

当園の「ほたリウム」は世界初の劇場型鑑賞空間となっており、1年を通してホタルの光りを間近に見ることができます。時々「実はＬＥＤじゃないの？」とお客さまから疑いの目を向けられますが、当社が特許を持つ独自の育成システムによって季節に関わらずヘイケボタルが生まれています。動物園でホタルというと少し違和感があるかもしれませんが、人間がそうであるようにホタルもやはり動物の一種です。その生態を研究し種の保存に寄与するという飼育係のひたむきな努力が、最終的には特許取得にまで繋がったと考えています。

近年、都市部でホタルを観ることはほとんどできなくなりました。そうしたこともあって、最近ではホタルが出張展示に呼ばれる機会が多くなりました。東京・墨田区にあるすみだ水族館とは、入居している東京スカイツリータウン®が東武グループの運営ということもあり開館当初から交流があります。この水族館で２０１３年から毎年ホタルの出張イベントを行っていますが、ホタルの光りを観るためだけにお客さまが2時間も並ばれたこともあります。その集客力には私たちも驚くばかりです。

当社は民間企業ですので、事業を継続するために収支を償えるよう商売も考えなければなりません。天候に左右されやすい屋外型レジャー施設としては、収入の安定化のためには園外に飛び出すことも1つの手段だと考えています。

しかしその存在意義からすると、何よりもさまざまな動物（=生きもの）の生態と現状、環境問題などについて一人でも多くの方に知っていただき、理解を深めていただくことが重要な役割であると認識しています。

ホタルやさまざまな動物たち、そして私たち人間がお互いに生きやすい環境を整えるために何をしていけばいいか、皆さんにも考えていただければ幸いです。

おわりに～ハイブリッドレジャーランド・東武動物公園

東武動物公園が、東武鉄道創立80周年記念事業として埼玉県東部の宮代町に開園したのが1981（昭和58）年です。首都圏の方は「クレヨンしんちゃんが住む春日部市の隣町」といえば多少イメージが湧くでしょうか。電車だと東京の浅草駅から特急電車で35分。クルマだと都心から東北道を北に向って最初のサービスエリア、蓮田のスマートインターチェンジから約15分のところにあります。敷地面積は約54ヘクタール、東京ドームに換算すると11個分と言われています。

前述したとおり、開園当初は上野動物園から招へいした西山登志雄氏が動物園部門の責任者でした。勇退された10数年前までは、どんな動物や施設よりも「かば園長」が有名でしたので、多くの方は東武動物公園＝動物園というイメージを持たれているのではないでしょうか。今の動物園には約１２０種１２００点の動物たちが暮らしています。

しかし東武動物公園が「ハイブリッドレジャーランド」を名乗るには、それなりの理由があります。遊園地エリアでは、国内では数少ない大型の木製コースター「レジーナ」や、コースター愛好家の中ではその浮遊感が高く評価されている「カワセミ」のほか30余りの本格的なアトラクションを展開しています。また園の中央部には四季折々の花が咲く「ハートフルガーデン」や、ヒーローショー、音楽ライブなどが行われるイベントステージ「ＨＯＬＡ！」があります。春には河津桜から始まり、ソメイヨシノ、八重桜など３００本近くの桜が順次咲き誇り、夏には屋外型の「東武スーパープール」で歓声が上がります。近年では冬の風物詩となったウインターイルミネーションや、園内全域を使ったアニメとのコラボレーションなど各種イベントも盛りだくさんです。

百聞は一見にしかず……興味を持たれた方は、ぜひ一度「ハイブリッドレジャーランド・東武動物公園」にお越しください。キリンのホープくんと一緒に首を長～くしてお待ちしております。

池川明　（いけがわ・あきら）
1954年、東京都生まれ。医学博士。1989年、横浜に池川クリニックを開設。現在「胎内記憶」の研究成果を生かし、母と子の立場に立った医療をめざしている。
『ママのおなかを選んできたよ』（二見書房）など、著書多数。

上田サトシ　（うえだ・さとし）
一般社団法人シャスタヒーリング協会代表理事。「ヒーリング教室シャスタ」主宰。
福島県出身。在米20数年を経て2009年に帰国。ハワイのキリスト教大学を卒業後、シリコンバレーにて、世界的に有名なサイキック学校、米国BPIで瞑想、ヒーリングを学び教える。
池川明との共著『いのちのやくそく――なんのためにうまれるの』（センジュ出版）がある。

七田 厚　（しちだ・こう）
七田式創始者七田眞の次男。東京理科大学理学部数学科卒業。株式会社しちだ・教育研究所代表取締役社長。七田式主宰。東久邇宮記念賞受賞。
おもな著書に『忙しいママのための 七田式「自分で学ぶ子」の育て方』（幻冬舎）などがある。

白石まるみ　（しらいし・まるみ）
2013年、芸能界では初めてとなる個性心理學の認定講師・カウンセラー資格を取得。2015年、ホワイトタイガー支局を開設し、支局長に就任。以来、個性心理學の講演・セミナー・講座を全国各地で開催。
主な著書に『Animalogy アニマロジー　人間関係の取扱い説明書』（牧野出版）がある。

弦本將裕　（つるもと・まさひろ）
⑧磨き上げられたたぬき。1957年4月29日生まれ。学習院大学法学部卒業。
一般社団法人個性心理學研究所総本部理事長。個性心理學研究所所長。
株式会社個性心理學研究所代表取締役会長。株式会社キャラナビ・ドット・コム代表取締役会長

繋《つな》がる

2018年11月16日　初版発行

著　者　池川 明・上田サトシ・七田 厚
白石まるみ・弦本將裕
発行人　佐久間憲一
発行所　株式会社牧野出版
〒604－0063
京都市中京区二条油小路東入西大黒町318
電話 075-708-2016
ファックス（注文）075-708-7632
http://www.makinopb.com
印刷・製本　中央精版印刷株式会社

内容に関するお問い合わせ、ご感想は下記のアドレスにお送りください。
dokusha@makinopb.com
乱丁・落丁本は、ご面倒ですが小社宛にお送りください。
送料小社負担でお取り替えいたします。

ISBN978-4-89500-225-7